U0514703

"十四五"时期国家重点出版物出版专项规划项目

★ 转型时代的中国财经战略论丛 ◢

山东省社会科学规划研究项目——土地资本集聚驱动
山东半岛城市群空间结构优化研究（项目号：18CSJJ29）

土地资本驱动山东半岛城市群空间结构优化研究

Research on Optimizing the Spatial Structure of
Shandong Peninsula Urban Agglomeration Driven by Land Capital

刘　冲　著

中国财经出版传媒集团

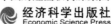
经济科学出版社
Economic Science Press

图书在版编目（CIP）数据

土地资本驱动山东半岛城市群空间结构优化研究/
刘冲著．--北京：经济科学出版社，2023.5
（转型时代的中国财经战略论丛）
ISBN 978 - 7 - 5218 - 4637 - 9

Ⅰ.①土… Ⅱ.①刘… Ⅲ.①城市群 - 空间结构 - 研
究 - 山东 Ⅳ.①F299.275.2

中国国家版本馆 CIP 数据核字（2023）第 049109 号

责任编辑：于　源　　侯雅琦
责任校对：李　建
责任印制：范　艳

土地资本驱动山东半岛城市群空间结构优化研究

刘　冲　著

经济科学出版社出版、发行　新华书店经销
社址：北京市海淀区阜成路甲 28 号　邮编：100142
总编部电话：010 - 88191217　发行部电话：010 - 88191522
网址：www. esp. com. cn
电子邮箱：esp@ esp. com. cn
天猫网店：经济科学出版社旗舰店
网址：http：//jjkxcbs. tmall. com
北京季蜂印刷有限公司印装
710 × 1000　16 开　11.5 印张　171000 字
2023 年 5 月第 1 版　2023 年 5 月第 1 次印刷
ISBN 978 - 7 - 5218 - 4637 - 9　定价：48.00 元

总　序

"转型时代的中国财经战略论丛"是山东财经大学与经济科学出版社在"十三五"系列学术著作的基础上,在"十四五"期间继续合作推出的系列学术著作,属于"'十四五'时期国家重点出版物出版专项规划项目"。

自2016年起,山东财经大学就开始资助该系列学术著作的出版,至今已走过6个春秋,期间共资助出版了122部学术著作。这些著作的选题绝大部分隶属于经济学和管理学范畴,同时也涉及法学、艺术学、文学、教育学和理学等领域,有力地推动了我校经济学、管理学和其他学科门类的发展,促进了我校科学研究事业的进一步繁荣发展。

山东财经大学是财政部、教育部和山东省人民政府共同建设的高校,2011年由原山东经济学院和原山东财政学院合并筹建,2012年正式揭牌成立。学校现有专任教师1690人,其中教授261人、副教授625人。专任教师中具有博士学位的982人,其中入选青年长江学者3人、国家"万人计划"等国家级人才11人、全国五一劳动奖章获得者1人、"泰山学者"工程等省级人才28人,入选教育部教学指导委员会委员8人、全国优秀教师16人、省级教学名师20人。近年来,学校紧紧围绕建设全国一流财经特色名校的战略目标,以稳规模、优结构、提质量、强特色为主线,不断深化改革创新,整体学科实力跻身全国财经高校前列,经管类学科竞争力居省属高校首位。学校现拥有一级学科博士点4个、一级学科硕士点11个,硕士专业学位类别20个,博士后科研流动站1个。在全国第四轮学科评估中,应用经济学、工商管理获B+,管理科学与工程、公共管理获B-,B+以上学科数位居省属高校前三甲,学科实力进入全国财经高校前十。2016年以来,学校聚焦内涵式发展,全面实施了科研强校战略，取得了可喜成绩。获批国家级课题项目 241 项，教育部及其他省部级课题项目 390 项，承担各级各类横向课题 445 项；教师共发表高水平学术论文 3700 余篇，出版著作 323 部。同时，新增了山东省重点实验室、山东省重点新型智库、山东省社科理论重点研究基地、山东省协同创新中心、山东省工程技术研究中心、山东省两化融合促进中心等科研平台。学校的发展为教师从事科学研究提供了广阔的平台，创造了更加良好的学术生态。

"十四五"时期是我国由全面建成小康社会向基本实现社会主义现代化迈进的关键时期，也是我校合校以来第二个十年的跃升发展期。今年党的二十大的胜利召开为学校高质量发展指明了新的方向，建校 70 周年暨合并建校 10 周年校庆也为学校内涵式发展注入了新的活力。作为"十四五"时期国家重点出版物出版专项规划项目，"转型时代的中国财经战略论丛"将继续坚持以马克思列宁主义、毛泽东思想、邓小平理论、"三个代表"重要思想、科学发展观、习近平新时代中国特色社会主义思想为指导，结合《中共中央关于制定国民经济和社会发展第十四个五年规划和二〇三五年远景目标的建议》以及党的二十大精神，将国家"十四五"期间重大财经战略作为重点选题，积极开展基础研究和应用研究。

"十四五"时期的"转型时代的中国财经战略论丛"将进一步体现鲜明的时代特征、问题导向和创新意识，着力推出反映我校学术前沿水平、体现相关领域高水准的创新性成果，更好地服务我校一流学科和高水平大学建设，展现我校财经特色名校工程建设成效。通过向广大教师提供进一步的出版资助，鼓励我校广大教师潜心治学，扎实研究，在基础研究上密切跟踪国内外学术发展和学科建设的前沿与动态，着力推进学科体系、学术体系和话语体系建设与创新；在应用研究上立足党和国家事业发展需要，聚焦经济社会发展中的全局性、战略性和前瞻性的重大理论与实践问题，力求提出一些具有现实性、针对性和较强参考价值的思路和对策。

山东财经大学校长

2022 年 10 月 28 日

前　言

土地资本源于土地的资产属性，土地资产在推进城镇化进程中起着十分重要的作用。城市群作为区域经济社会发展相对独立而完整的空间单元，在区域增长极的形成及发展中发挥着显著的资源整合作用。本书从土地资本角度找寻促进城市群空间结构优化的途径，提出土地资本集聚是促进城市群空间结构优化的根本动力之一的假说并进行验证，探索土地资本运动驱动区域经济健康协调发展的理论，进而采用科学的方法对案例城市群进行实证研究，得出结论并提出对策建议。

本书通过梳理国内外土地资本和城市群空间结构研究的文献发现，相关资料较少。虽然对土地资本和城市群空间结构的研究一直都在进行，但其中罕见对土地资本运行规律的深入探讨，更缺乏从土地资本角度对城市群空间结构优化的研究。从对城市经济现象的观察结果来看，土地资本与城市群空间结构之间显然存在密切关系。为了更清楚地剖析二者之间的关系，本书界定了土地资本及土地资本集聚的概念和内涵，对土地资本的构成和土地资本集聚规律进行了描述，运用改进的存量——流量模型对土地资本集聚过程进行了阐述；将城市空间增长模型扩展到城市群范围，并构建人口空间迁移模型来推演土地资本集聚对城市群空间结构的影响。

文献及理论研究得出的结论是：第一，土地资本存在集聚现象，而土地资本的集聚源自土地、资本和劳动力等生产要素存在集聚效应，高土地资本价值地块更易于与其他生产要素结合带来高产出；第二，土地资本的增长存在积蓄和转化两个阶段，积蓄阶段是土地自然物质资本和要素投入固化于土地之上的过程，转化阶段是土地进入市场交易，土地资本价值显化为土地价格的过程，两个过程交织往替是土地资本增值归属争议的原因；第三，土地资本集聚会对城市群空间结构产生影响。土地自然物质特征和人类社会经济活动影响土地资本价值，反过来土地资本的集聚性也会影响人类活动的选择，带来土地资本的"马太效应"，进而对城市群空间结构中城市之间边界和扩展方向、中心城市的确定及人口分布等关键要素的改变起驱动作用，最终使土地资本集聚程度与城市群的空间利用效率匹配，达到资源利用效率较优的状态。

为了验证土地资本集聚驱动城市群优化的理论假说，本书设置了城市群空间结构的指标体系，以土地市场交易价格表征土地资本价值，选取山东半岛城市群为例对二者之间的相关关系进行了实证分析。采用社会网络分析、地理信息系统、聚类分析、GLS 回归分析及空间自相关分析等多种研究方法，利用 UCINET 6.0、ArcGIS 10.0、SPSS 19.0 和 STATA 12.0 等软件，选取山东半岛城市群城市化速度较快、土地资本变化明显的 2007～2015 年的相关数据进行分析，对土地资本驱动城市群空间结构优化理论进行验证。

首先，计算 2007～2014 年山东半岛城市群各城市的空间经济联系指标，由 UCINET 6.0 得出空间网络密度、点出度、点入度及点度中心势等空间结构数据。结果表明，山东半岛城市群空间结构网络联系随着土地价格的提高日趋紧密，济南、青岛、淄博和潍坊等城市在城市群空间结构网络中的中心位置明显，但中心优势不突出，空间结构网络结构呈现扁平化的趋势。

其次，采用克里金插值法得到 2008～2015 年山东半岛城市群不同用地类型土地价格的梯度分布图，显示济南、青岛、烟台等是土地价格整体较高的城市。2008～2015 年，小城镇与中心城市的居住用地价格差距逐渐缩小，商业用地价格差距不断扩大，而工业用地影响不大，这进一步说明了随着城市建设和交通运输的发展，小城镇的居住条件得到较大改变，居住需求增加，而商业活动反而减退。山东半岛城市群土地价格分布规律与城市各区域在山东半岛城市群空间网络的布局恰好一致。另外，使用 STATA 12.0 对土地价格和空间结构综合指数等之间的相关关系进行 GLS 回归分析和空间相关性检验。研究表明，山东半岛城市群土地价格与空间结构之间存在相关关系和空间溢出效应，并且滞后一期的土地价格对空间结构的影响更明显。土地资本是山东半岛城市群空间结构变化的主要因素，城市群空间结构尚待优化提升。

　　最后，结合理论和实证研究的结论，提出城市群空间结构优化的路径与政策建议：通过公共基础设施建设、环境优化和提升人口素质能够提高中小城镇土地资本，增强中小城镇人口和投资的吸引力；优化原有的产业格局和经济格局，完成适应新时期的城市群整体产业分工；打破固有的行政格局，让资源和要素在区域范围内自由流动；对核心城市功能进行定位优化和强化，发挥其应有的作用。研究的创新之处体现在进行了土地资本集聚过程的解析；探讨了城市群空间结构构成要素与土地资本之间的内在联系；提出了城市群空间结构及其优化的量化指标等方面。

　　2016年山东半岛城市群房地产市场在政策的调整下进入低速发展阶段。受经济下行及突发新冠肺炎疫情的影响，土地及房地产交易量和交易价格下滑。后续将持续关注土地资本的变化特征，补充相关证据，为城市的可持续发展及产业布局提供理论支持。

目　录

第1章 绪 论

1.1 研究背景与研究意义

1.1.1 研究背景

随着中国城镇化的深入，土地在城市空间中的作用增强，城市土地资源稀缺程度增加，城市土地成为兼具投资和实用功能的优良资产，土地价格也不断高涨。土地在城镇中具备两种最基本的功能：一种是提供人们从事各项活动所必需的载体，具有实用功能；另一种是因其永久性、价值高和稀缺性等具备投资品属性，成为价值的储存体，具有金融功能。城镇土地价格的上涨既反映了因其实用功能稀缺所引发的价值上涨，也反映了因其保值增值功能所带来的投资品价值上涨。依据市场经济规律，供给不足和需求上升导致城镇土地价格上涨。为缓解城镇用地空间的紧张，城镇空间不断外扩，各大城市周边新城区涌现，城市近郊的中小城镇逐渐并入高一级城镇之中，形成规模较大的城市也缩减了城市边界的距离，城市之间的分工与合作增加。为增强要素流动，扩展每个城镇的辐射范围，城镇之间形成以城市群为单元的空间网络结构。城市群土地价格在空间位置上呈现出巨大价格差异，价格差异的原因是土地资本价值的不同。土地资本引导着信息、技术、资金、人口等要素在城市群空间中的流动，为城市群空间结构的改变和优化提供重要的推动力。

城市群是城市发展过程中的一种新型空间形式，是城镇化进入更高级阶段的标志，是国际竞争和分工网络的基本单元，能够有效提高城市的规模效应[1]。全球化的背景下，任何一个城市独立发展都显得势单力薄，不能充分发挥应有的实力，因此以多个城市组成城市群的形态参与全球一体化竞争具有规模优势，可以实现更充分的要素流动和产业分工。交通和信息技术的发展为城市群的形成提供了必要条件。技术和信息等作为新兴要素具有很强的流动性，但必须与其他要素结合才能发挥经济效益。城市群为要素流动提供了一个更广阔的空间范围，新兴生产要素在其中找寻与土地、资本和劳动力等基本生产要素的最优配置以发挥最大经济效益。

随着城镇化的发展和区域协调发展政策的推动，城市群更加有利于国家参与全球竞争，增强国际分工合作实力，城市群作为基本地域单元成为未来区域空间发展的重要成长点[2]。许多发达国家都形成了较成熟稳定的城市群，如北美五大湖周边城市群、英国伦敦核心城市群、美国东北部大西洋沿岸出现的城市群、日本太平洋沿岸城市群、欧洲西北部城市群等。我国城市群也在城市化过程中逐渐形成和发展，如长江三角洲、珠江三角洲、京津冀及山东半岛等城市群都初具规模并发挥较好的区域经济带动作用。我国政府一直重视城市群的发展和规划，在《国家新型城镇化规划（2014－2020年）》中把发展城市群作为其中的重中之重，认为城市群是我国经济社会发展的重要依托，是城镇化的重要环节。"十一五"规划纲要中特别明确指出以城市群为推进城镇化的主要形态，并将城市群发展列为"十四五"发展规划的重点。在国家的规划和助推下，多个新的城市群出现，城市群空间结构不断整合优化。我国现有城市群发展态势良好，对经济的带动作用已经显现。经过多年的GDP高速增长，国家统计局公布2016年我国国内生产总值达到74.41万亿元，其中长三角、珠三角、京津冀和山东半岛城市群GDP之和占到全国总量的一半。上述城市群成为目前我国人口密度最大、经济增速最快、科技最发达、信息交换最频繁的区域。以上海、南京、杭州、广州、深圳、北京、天津、济南和青岛等城市为首的核心城市带动城市群整体实现信息传递、科技共享、文化浸润与分工合作，并以城市群为龙

---

[1] 中国市长协会：《2001~2002 中国城市发展报告》，西苑出版社 2003 年版。
[2] 方创琳、宋吉涛、张蔷：《中国城市群结构体系的组成与空间分异格局》，载于《地理学报》2005 年第 60 卷第 5 期：827－840。

头辐射带动周边区域发展。

截至 2022 年，我国共重点规划建设 19 个城市群，分别是长三角城市群、珠三角城市群、长江中游城市群、京津冀城市群、成渝城市群、哈长城市群、辽中南城市群、天山北坡城市群、呼包鄂榆城市群、山东半岛城市群、山西中部城市群、兰州—西宁城市群、宁夏沿黄城市群、关中平原城市群、中原城市群、海峡西岸城市群、黔中城市群、滇中城市群和北部湾城市群。发展较成熟的有长江三角洲城市群、珠江三角洲城市群及京津冀（北京、天津、河北）城市群，山东半岛城市群处于快速上升阶段，中西部地区将孕育培养新的城市群作为带动区域发展的依托。长三角城市群形成最早，发展也最为成熟，范围包括上海、浙江和江苏等的部分地区。长三角地区约占中国国土面积的 2.2%。长三角城市群面积为 21.17 万平方公里，仅占我国国土面积的 2.2%，但总人口超过 1.5 亿人，占全国人口的 11%，2014 年地区生产总值 12.67 万亿元，占全国 GDP 的 18.5%[①]。长江三角洲城市群是典型的以上海为核心，以南京、杭州、苏州等为次中心的"单中心"空间结构模式。中心城市集聚程度高，平均土地价格高；次级市镇集聚低，平均土地价格也低。长三角城市群是我国市场化程度最高、地方政策遵循市场规律做得最好的区域。随着基础建设资金的投入及城市群市场机制的完善，良好的资金、技术和信息支撑，以及政策优惠等提升了长三角城市群的土地资本，良好的发展路径形成了巨大的磁场吸引周边市镇加入。但是随着城镇化的深入，长三角城市群空间不断扩张，由于缺乏有效的规划布局，上海承担较多功能的空间结构带来了城市资源和环境承载压力及产业分工不合理，影响了城市群的整体协调，未来可持续发展遇到了瓶颈。京津冀城市群包括北京、天津和河北三个省份。虽然京津冀城市群经济总量很大，但是 GDP 的贡献主要来自北京市和天津市。北京市统计局和国家统计局北京调查总队发布的报告显示，北京、天津两地的人口密度是河北的三倍但人均 GDP 是河北的两倍以上，三地发展严重不平衡。北京是政治、经济、文化及科技创新中心，在城市群中处于核心位置。天津以加工制造业为主，为京津冀城市群的副中心。京津两地的基础设施、交通网线及教育等各方面

---

① 中华人民共和国中央人民政府网，http://www.gov.cn/xinwen/2016 - 05/12/content_5072788.htm。

水平均远远高于河北,三地存在较好的产业分工,但是分工并不明确,且因利益分配不平衡造成了消极合作。山东半岛城市群的资源条件丰富、人文历史发展基础较好。2016 年山东省 GDP 总量约 6.7 万亿元,同比增幅 6.3%,无论是总量还是增速,都排在全国城市群的前列,且发展潜力巨大①。作为省会城市的济南与经济实力较强的青岛在城市群中处于核心的位置,呈现出"双核心"的空间结构。虽然山东半岛城市群早有规划,并初具规模,但是核心城市贡献并不明显,与次级市镇之间联系的紧密度不高,城市间分工并不明确,合作效果欠佳,因此亟须找到有效的路径和可行的标准优化城市群空间结构,增强城市群的一体化程度。

我国城市群的范围和群内成员城市的定位由政府规划部门根据城市行政隶属关系、交通、历史文化及自然地理条件等指导设立。城市群规划主要根据城市原有的特色、空间结构和战略发展需要进行,规划方案相对科学。但是,由于我国幅员辽阔、地形多样,大多数城市群的空间分布都是跨省份的。城市群的协调与合作由各省市行政单位主导进行,难免出现行政单位间的利益争夺和地方保护,导致城市群空间结构出现不合理的现象。例如,城市间战略合作意识不强,中心城市地位不突出,功能定位模糊;低水平产业重复率高,造成资源浪费;城市蔓延,楼宇空置,土地利用效率低下;交通压力、潮汐人流、环境污染等"城市病"显现等。如何优化现有的城市群空间结构,引导新城市群的空间布局,亟须逻辑严密的理论指导、具体化的操作标准、公正客观的评价方法和切实可行的实施步骤。

城市群空间结构(Urban Agglomerations Spatial Structure)是城市分工与合作的基础,也是多年城市间博弈的结果。通过研究土地资本集聚与我国城市群空间结构的关系有助于从更高的视角审视和把握城市发展进程,提高土地利用效率,完善和改进区域发展格局,形成区域协调互动机制(曾鹏等,2011)。城市群空间结构是最基本的一种城市群结构形式,它反映了在空间层面上城市群的发展情况和进展。城市群空间结构涉及多个方面,不仅与社会经济结构有直接关系,还与城市等级规模相关。城市间的相互关系和相互作用对城市群中的城

---

① http://news.iqi/u.com/shandong/yuanchuang/2017/0206/3372190.shtml。

市发展和竞争力的提高具有正相关关系（吴建楠等，2013）。随着工业化和城镇化的发展，城市群的空间结构受多方面因素的影响，包括自然条件、市场机制及规划指导等，城市群空间结构将逐步调整优化。城市群空间结构的优化也会提升群内成员城市的相关功能，推动城市功能布局的完善。

伯恩（Bourne，1971）提出了市场竞争和供需关系是城市群扩展的主导原则。土地作为一种稀缺资源，以土地为载体的空间可以为拥有者带来可观收益。因此，土地成为城镇化过程中各方主体争夺的对象，也是城市扩张首先要考虑的要素。在市场竞争和供需关系的调解下，城市内外部土地和区位关系不断发生变化。城市内部因集聚效应和扩散效应的存在导致了城市土地级差收益，反过来土地级差收益又会影响各主体的区位选择。在我国城市群中，各城市之间边界基本确定，城市内部空间扩展主要在其郊区范围内进行，所以城市外部土地及空间竞争弱化。城市主体通过对城市内部空间的改造，利用城市间土地级差收益，强化土地资本，不断增强城市竞争力。城市群的不断发展和壮大与一系列空间要素流相关。常见的空间要素流包括物质流、人口流动、信息流、技术流、资金流等。这些要素对城市群空间结构和土地利用产生了直接的影响，反过来城市群空间结构和土地利用也影响"流"的大小和方向。城市群因空间要素发生了多种变化，包括结构上的变化和功能上的变化。土地资本得到增强，从而完成了城市群空间扩展过程。

我国现代产业起步较晚，城镇化过程尚未完成，但因城市能够提供就业机会且生活便利，所以促使越来越多的人口涌入城市，使得城市人口快速增加，城市房地产价格和土地价格持续稳定上行，城市地理空间不断拓展。空间是城市的基本要素，也是最重要的要素，合理的空间结构是城市及城市群健康持续发展的重要前提。整体发展状态较好的城市群地区，包含不同规模等级的城市，具有更好的包容性和体量，能够更好地接纳和合理配置人口和产业。在人口城镇化过程中，随着对土地空间的需求增加，城市及城市群空间不断扩展，城市边界持续外扩，城市群成员增加趋势不减。布局良好的城市群空间结构能够提供便利，发挥城市成员的特点，增强优势互补，互相扶持依存，减少重复设置和浪费，为城市群的经济发展奠定基础；反之，不合理的空间结构将成为城市群发展的瓶颈与障碍，降低经济发展的效率。近年来，在一些城市群中出现了诸如"卧城""空城""保姆城"等城市形态，城市效率出现下降情况，预示了部分城市群在空间结构上的不合理。不合理的城市群空间结构不仅不能合理配置资源，而且还会因人口的增加引发就业率下降和产业结构失衡。只有人口的数量及结构与城市群的空间结构相匹配，才能更好地发挥城市群的平台作用。

研究城市群的学者较多处于城市规划学、经济地理学及城市经济学等领域，分别从地理位置或从产业布局及分工角度探讨城市群空间结构，但将地理空间和经济空间的结合起来分析得不多。国内许多学者对城市群空间结构问题进行研究，力图找寻其形成机制及优化途径。有些学者通过实证从分布形态上来考察，提出点状、带状、点—轴、网络化等空间结构模式（Krugman，1991）；有些学者从产业角度考察城市群空间布局。然而，目前我国学者们的研究集中在城市群空间结构的形态特征，形成过程和演变机制，以及针对具体某些中国城市群范围及特点的描述（朱英明，2001）；关注的是城市群的发展过程、社会经济关系及空间结构形态，但在对城市群空间结构形成机理及最优化选择等方面的研究不足。

本书从找寻土地资本的形成及集聚规律出发，探讨城市群空间结构形成的依据和优化途径。土地本身是空间的载体，也是空间最基本的构成。城市群的空间结构与城市群土地利用结构是互相映射的关系，二者密不可分。城市群空间结构受多方面因素影响，形成过程比较复杂，演化过程受多种因素影响，长期以来很难对其规律进行概括总结，找寻现实中容易观察且可行的参考标准更是困难。土地资本恰好也是各种因素共同作用而形成的综合体，并与空间结构要素相对应。土地本质特性包括资源属性和资本属性。土地资源作为各项活动的载体，是空间存在的基础，也是空间结构最重要的组成部分。土地资本在土地流转过程中给产权人带来收益并产生自身增值，土地特有的增值和收益性能够产生超额利润，对现代社会城市空间利用发挥着巨大的影响作用。土地价格是土地资本的外在表现，在城市及城市群的空间结构演化中发挥调节作用，也是在现实社会中较容易观测到的数据。土地资本的大小和结构不仅影响城市及城市群的经济活动，也在一定程度上影响着城市群空间结构的形成和演变过程，并成为影响城市群空间结构优化的重要因素。土地资本具有很强的包容性，可以将多种因素综合在一起，外显为一个指标——土地价格。从土地资本的角度来剖析城市群空间结构有较强的实用性和可度量性，能够揭示城市群空间结构演变的一般规律及优化路径。目前研究土地资本和城市群空间结构关系的学者不多，有些学者们从实证的基础上提出影响城市群土地价格的影响因素，如自然地理条件、人文历史、城市规划、政府政策、产业布局等，这些研究多是侧重对地价及其分布规律的研究，未能将地价与城市群空间结构演变结合。而对这些影响因素进行总结归纳和深入分析会发现，这些因素都通过影响土地资本和土地价格来影响城市群空间结构。各种要素特征固化于土地之上，对土地资本施加不同强度的影响，在市场机制的作用下，土地资本集聚促使城市群空间结构不断优化，成为城市群空间结构演变的重要驱动力。

1.1.2 研究意义

1.1.2.1 理论意义

一是对我国城市群空间结构的一般规律进行理论研究，总结和归纳城市群空间结构的影响因素和演化规律，构建城市群空间结构形成规律的理论框架，有助于加深对城市群空间运行过程的认识，为城市群空间结构的未来规划提供理论参考。

二是系统梳理土地资本理论，分析土地资本集聚现象，深化对土地资本及土地价格运动规律的研究。剖析土地资本与土地价格对城市群空间结构的影响规律，找寻它们之间的内在联系，构建土地资本与城市群空间结构之间的互动模型，分析土地资本如何在集聚过程中推进城市群空间结构的改变。

三是综合利用城市经济学、区域经济学、土地规划、新经济地理学、空间经济学、公共经济学、制度经济学等学科的相关知识内容，探索区域土地资本的流动及集聚的内涵及运动规律，找寻城市群空间结构优化的路径，提高土地要素的配置效率，深化土地利用、增值及管理的理论研究，论述土地资产定价的相应规律，拓展城市群经济增长机制的理论研究。有利于丰富土地经济研究内容，拓宽区域经济理论研究的视野，在传统研究方法论的基础上不断改进，最终为区域协调健康发展相应的策略及对策措施提供决策依据。

1.1.2.2 现实意义

第一，通过对山东半岛城市群空间的网络结构分析，明晰了山东半岛城市群空间网络所处的发展阶段及空间结构特征，指出山东半岛城市群空间结构发展趋势。在深入分析山东半岛城市群土地价格分布特征和与空间结构要素之间关系的基础上，初步揭示了土地资本在城市群空间结构形成中所起的作用，为城市群空间结构的进一步优化指明方向。

第二，我国目前城市群规划仍以地理区位和行政划分为基础，缺乏统筹规划的依据或指标。城市群经济发展战略并没有具体的理论指导和详细路径，各大城市群还处于自发状态，亟须对城市群的状态进行合理评估和未来规划。明确城市群内部成员之间的经济关系和空间位置关系，能够分别为处于不同发展阶段的中国城市群给予理论指导。本书为城市群空间结构优化提供了切实可行的依据，为城市群空间网络的规划和改善提供参考。

第三，城镇化和房地产业的快速发展带来了高房价、高地价和"地产泡沫"预期。研究可以从土地资本集聚的角度解释土地价格和房地产价格高涨的原因，分析高价格背后的必然性和偶然性，为土地溢价利益合理化分配提供建议，指出预防和消除"地产泡沫"的合理化途径。同时，揭示高土地资本与高资本之间的结合规律，解释基础设施建设引发地价上涨的原因及土地利用方向。

第四，我国政府针对国土开发中面临的问题提出"主体功能区战略规划"，此规划是以现存主要城市群为基础，结合土地资源禀赋划分的。在考虑土地资源属性的前提下，重视土地资本属性，找出城市群土地资本价值规律和运动规律，可以为主体功能区规划在具体城镇中实现提供依据；指导城市总体规划，推进经济发展规划、城乡建设规划、土地利用规划"三规合一"，划定城市开发边界，优化城乡功能和空间布局，提升城镇化质量；满足房地产开发及工商企业选址决策支持的需要，对未来的土地开发和新城建设给出区域政策的建议，为土地资源差异化管理提供决策支持，具有较强的应用价值。主体功能区规划尚未有具体的实施步骤和执行标准，本书为主体功能区规划的实施提供了一个参考依据。

1.2　国内外研究文献综述

1.2.1　国内外相关研究

1.2.1.1　土地资本与土地价格空间分布

（1）土地资本。

马克思在《资本论》第三卷和《哲学的贫困——答蒲鲁东先生〈贫困的哲学〉》提到了土地资本，认为土地资本是为改良土地功能而投入土地并与土地融合在一起，属于固定资本的范畴（马克思和恩格斯，1972）。之后我国学者对土地资本的研究较多。周诚（1994）解析了土地价值的构成，提出土地物质价值和土地资本价值的概念，并认为二者互相影响在现实中很难区分。王德起（2009）、贺国英（2005）、鄂彬华（2006）等均对土地资本、土地资源和土地资产的概念进行了比较和解析。房树淮（1999）总结了土地资本的构成和特点，并对土地资本的产权经营特点进行了论述。李建建（1997）认为土地资本是可以累积的但不是无限累积。靳卫萍（2010）论证了作为资本的土地具有类似货币的特性。袁志刚和解栋栋（2010）从土地资本与人力资本等要素应协调配置的角度，认为土地资本的流转和再配置是有必要的。戴英马（2003）从成本核算的角度论证了土地资本对商品价格的影响。杨奎奇（2013）讨论了城市群住宅地价的分布特征。韦帆（2008）将土地资本看作一种虚拟资本。冯应斌和杨庆媛（2016）考察了重庆辖区内处于不同经济发展水平的区域土地资本投入的密度与经济发展的联系。

（2）土地价格。

土地资本的构成中包含地租，土地价格是地租的资本化，也是土地资本的外在表现。国内外许多学者针对地租和土地价格的空间分布展开

9

了研究。

威廉·配第、亚当·斯密、大卫·李嘉图、保罗·萨缪尔森、马歇尔及马克思等一批经济学的奠基人都对地租的构成及来源进行了阐述。杜能（1986）将运费、地租与空间结构理论相结合，认为运费是形成农业区位和造成地租不同的重要原因。此后，运费成为城市空间研究中最重要的要素，许多关于城市空间结构的研究都以运费作为空间分布的原因之一。1964年，美国地理学家威廉·阿朗索（Alonso，1964）将地租理论边际效应结合起来构建城市地租竞价模型，开始了城市地租的定量研究。查宾等（Chapin et al.，1962）重点考察了交通成本对住宅地价的影响，并定量研究了城市地价与土地利用的关系。恰尼克（Czamanki，1966）研究政府投资和规划管理与土地利用的关系。惠顿（Wheaton，1982）运用经济统计方法对美国中心城区住宅用地供需状况影响下的城市住宅价格变动状态进行了研究。威特（Witte，1975）从衍生需求模型、住宅市场分析模型角度研究了城市土地价格影响因素。安布罗斯（Ambrose，1990）以最小平方法（Ordinary Least Squares，OLS）及加权最小平方法（Weighted Least Squares，WLS）建立回归模型，对亚特兰大都市区工业地价进行考察，发现区位条件影响工业地价和租金。费伦巴赫等（Fehribach et al.，1993）以同样的方法对工业地价进行研究，结果显示铁路、机场等运输设施等的相对位置及不动产税对工业地价有影响。洛克伍德和拉瑟福德（Lockwood & Rutherford，1996）针对同一地区利用线性结构关系（Linear Structure Relation，LISREL）模式研究，发现地方就业率及收入也是影响地价的重要因素。

严星和林增杰（1999）认为交通及基础设施、集聚扩散、自然环境和生活条件等与地价有密切的关系。吴次芳等（1994）研究发现基础设施配套和地形地貌对工业地价影响较大。袁绪亚（1999）对土地价格在不同城市间的等级分布进行了研究。毕宝德等（1998）认为影响土地价格的因素可以分为社会经济因素、政策因素、土地自身因素及其他因素四类。郑新奇等（2004）利用ArcView平台和自编程序对济南市地价分布及变化规律进行了分析。杜文星和黄贤金（2004）通过对上海市工业地价时空分布研究发现，工业地价与土地用途、出让方式、产业政策和容积率呈正相关。秦兴龙等（2005）运用Delphi法对长江三角洲地区工业用地的价格形成机制进行分析，指出区位因素不是影响土地价格最重要的因素，经济发展水平、城市路网密度、城镇居民可支配收入、协议出让土地面积所占比例才是影响城市工业地价形成的主要因素。蒋芳和朱道林（2005）对北京市住宅价格的分布进行了分析，指出了地价分布的梯度。杨奎奇等（2013）认为城市群内城市住宅地价具有梯度分布特征，但不同城市群的地价高低不同。张娟锋和刘洪玉（2010）利用 OLS 和两阶段最小二乘法（Two Stage Least Square，2SLS）两种方法估计了中国 35 个大中城市住宅价格与土地价格方程，解释土地价格在城市间的差异，并认为土地价格与住宅价格之间存在关联。温海珍等（2011）采用空间自相关 Moran 指数及空间计量经济学方法，分析了 2008 年杭州市城市住宅价格的空间效应及决定因素，认为住宅价格存在显著的空间效应。周霞和王德起（2013）对工业地价在城市群中的梯度分布规律及地价与产业布局之间的关系进行了论述。于伟等（2013）采用特征价格模型、非参数估计方法研究了北京都市区住宅、商业土地出让价格梯度，认为城市住宅和商业土地出让价格梯度随时间呈现扁平化倾向。王德起（2013）认为土地资本具有集聚特征，分析了地价与城市群产业空间结构关系，论证了土地资本与产业之间存在"双螺旋"的互动关系。秦泗刚和段汉明（2016）利用 GIS 技术分析了西安市地价空间格局及地价空间剖面的强度变化。

1.2.1.2　城市群与城市群空间结构

（1）大都市带。

1957 年，法国学者戈特曼首次提出了大都市带理论。戈特曼（Gottmann，1961）描述了美国东北部西海岸独特的大都市区聚集现象，该地区北起波士顿，南至华盛顿，是由纽约、哈特德等若干大城市组成的长达 600 多英里的高度城市化地区——波士顿大都市带。戈特曼（1961）认为大都市带不是简单的城市集合，而是一个多中心的有机城镇体系，具有显著的人口和经济活动集聚性和密切的联系性；同时，他认为美国经济多年的稳定繁荣得益于大都市带，大都市带已经成为引领美国经济快速稳定发展的主要空间组织形式。戈特曼（1961）从不同方面分析了美国东北沿海大都市带的相关特征，不仅考虑了自然、社会特征，还涉及经济基础方面的特征；从产业结构变化形式、土地利用方式、劳动力结构变动等方面，归纳了东北沿岸大都市带的空间组织系列特征和空间表现形态，空间组织多样化特征包括马萨克结构与多核星云结构。另外，戈特曼（1961）还给出了针对大都市带的相关术语指标，提出了大都市带是交通中心线汇集而成的多核心体系，城市和农村的差别和界限非常模糊，产业集聚程度很高，城市间地域彼此蔓延，城与城之间有着密切的多种形式联系；在具体指标方面，大都市带人口规模应在2500万人以上，人口平均密度达到250每平方公里以上。从戈特曼对大都市带的解析可以看出，大都市带强调的是大都市市区的密切联系和地理上的连绵，体现了大都市市区的空间集聚。戈特曼的研究在全球范围内引起了学者们的重视，越来越多的学者不再拘泥于单个城市空间的研究，而是把目光投向更大的区域范围，并提出了相关概念和理论。20世纪60年代，金思伯格（Ginsberg）对日本大都市带进行研究，通过分析其特点，提出"拓展大都市带"的理念，用来定义由多个专业化职能中心构成的多核系统。20世纪60年代以后，惠贝尔（Whebell，1969）提出了著名的"走廊理论"（Theory of Corridors）；道萨迪亚斯提出"世界都市"理论；布鲁恩和威廉姆斯（Brunn and Williams）提出"城市系统"；布莱恩特等（Bryant et al.）提出"乡村城市"（City's Countryside）；怀特汉德提出了"城市边缘带"等；邓肯第一次引入"城市体系"的观点。

（2）都市区和都市圈。

西方学者另一个研究方向是以某一大都市为核心，将大城市辐射区域范围内看作是一个整体进行研究，称之为"都市圈"或"都市区"。美国于20世纪初就采用了都市区（Metropolitan District，MD）的说法，指的是由中心城市和其保持有密切联系的非农业外围地区组成的区域。1950年美国设立了标准大都市区（Standard Metropolitan Areas，SMA）。1960年开始使用标准大都市统计区（Standard Metropolitan Statistical Areas，SMSA）的概念。20世纪90年代又进一步修正了大都市区（Metropolitan Areas，MA）的划分标准，目前MA已经成为国家上进行城市统计和研究的基本地域单元，为城市经济学、地理学、规划学及社会学等学科进行土地利用模式、人口迁移、产业结构等方面的研究提供数据支撑和统一口径，为城市研究由单一城市转向城市群体提供基础。

1954年日本行政管理厅统计标准部借鉴美国大都市区（Standard Metropolitan Area，SMA）的概念，定义了标准城市地区，后来进一步细化为各种圈层结构，形成了多中心的"大都市圈"。大都市圈由一个主要中心城市、多个次中心城市和若干中小城市及其周边地区共同组成，半径可达 300 公里左右。

　　（3）大城市连绵区。

　　尽管西方国家和亚洲国家都针对城市群体提出了类似的概念，但是东西方城市带的空间结构形态存在较大差异。美国大都市带提出的背景是：在高度的工业化和城市化下，产生了规模较大的城市，并且高度城市化区域集中在海岸线。大城市集中了越来越多的产业和人口，并且城市功能向郊区蔓延。欧美国家的城市功能和乡村功能有着明确的划分，城市郊区主要是为了给居民提供良好的生活环境而保留的"绿带"或自然空间。与欧美国家不同的是，中国的乡村承担起了部分城市功能，乡村有乡镇工业，而城市功能区延伸至郊区地带，由此周（Zhou，1988）提出了"都市连绵区"的概念。但是城市和乡村土地利用交错分布，一方面引发环境污染和生态破坏，另一方面造成生产力效率比较低，各种资源的利用率不够，浪费情况严重。

　　（4）城市群。

　　城市群的概念最早可以追溯到 1989 年英国学者霍华德（Howard，2000）在《明日的田园城市》中提到的由田园城市组成的城镇簇（Town Cluster）。霍华德所指的城镇簇想用城乡一体化的小城市群逐步替代大城市或者超大城市，从而降低规模非常大的城市所必然带来的一系列问题包括交通堵塞、居住环境拥挤、绿地供应问题，垃圾和水污染等问题。与我们现代城市经济学所讨论的城市群还有一定的区别。1915年，在西方发达国家快速郊区化的背景下，英国人格狄斯提出了带卫星小城市的"组合城市"、城镇密集区、世界城市的概念。在《进化的城市》一书中，格狄斯提出，互相邻接的城市之间在各方面互相影响，城市之间形成空间地理位置上的交叉区域，称为组合城市。他还有预见性地指出组合城市能够扩大到更广大的空间范围，发展成为世界大都市，并可在经济发展过程中发挥枢纽作用。从城市形态上结合城市间空间布局来看，组合城市可认为是都市群的一种初级形态，其主要特点在于都市间的互作用影响以及空间集聚。

　　姚士谋（2006）沿用了这个概念，其撰写的《中国城市群》一书，第一次在国内使用"城市群"这一概念。认为城市群是在一定区域范

13

围内几个不同类型、不同性质和不同等级规模的城市。依托特定的自然条件，以少数一两个超大或特大城市作为区域经济的核心，借助于现代化交通运输工具、高度通达的综合传递网络，以及非常发达的资讯网络，建立与中小卫星城市个体之间的密切联系，最终构成功能完备的城市集合体。宫卫华和姚士谋（2003）提出城市群具备了四个特征：形成和发展中的动态特征；区域中城市的空间网络结构特征；城市群内部直接的互通性和城市群与外部区域的互联特征；以及城市之间通过功能互补，形成聚合力，并进行功能拓展和扩散特征。其还提出城市群空间结构具有的分形特征和二次极化特征，认为居住空间演变和交通运输是影响城市群空间结构的重要因素。

在此之后，我国许多其他学者对城市群的界定有了进一步的阐述。1995 年，顾朝林提出，城市群是由城市群中的核心城在基础设施和各具特色的经济结构方面，发挥独有的优势而形成的金融、基建、科教、技术一体化的、关系紧密的有机网络。1997 年，陈凡提出城市群是指在一定区域范围内，由各类不同大小、不同规模、不同人口等级的城市利用交通运输网络组成的关系紧密、互通有无的一体化城市网络。2003 年，吴传清提出城市群是在特定地域范围内、在城市化过程中，许多不同大小、不同类型、不同特点的城市基于地区经济发展和市场联系而成的都市网络群体。陈群元和宋玉祥（2011）提出了城市群发展的四个阶段，并指出按发展阶段采取合理的开发模式。黄金川和陈守强（2015）参考世界成熟城市群的规模大小和集聚程度，设计城市群的特征评价指标将中国城市群进行了等级划分。

总之，学者们一致认为城市群是城市化高级化的结果，是体现环境、社会和谐发展一体化的群体，是由物质和非物质网络联系而形成，在临近区域范围内具有一个或多个核心城市的城市空间集合体。我国有些学者在研究城市群体时习惯采用"都市圈""都市带""城镇密集区""大都市带""大都市区"等概念。这些概念指代近似的侧重点略有不同，"都市圈"和"都市带"等突出大城市的重要作用，侧重以某一个或多个大城市为核心的圈层城市群的研究；"城镇密集区"及"大都市区"等侧重于包含多个大城市多层级城市群的研究；"大都市带"侧重于呈带状分布的具有若干大城市的多层级城市体系。因此，综合上述概念，本书将城市群定义为在城市化过程中，由具有一定空间联系基础以及不同等级和规模的邻近城市构成的具有社会、经济、文化、自然等方面一体化特征的空间组合体。

（5）城市群空间结构。

城市群空间结构是城市群中的各种要素如土地、城市、产业、人口等，在地域空间中的相对位置和相互关系的空间组织关系和分布格局。对城市群空间结构的研究是从对空间结构的研究发展而来的。学者们一致认为对现代地理的空间结构研究开始于冯·杜能的《孤立国同农业和国民经济的关系》中提出的农业区位的圈层结构。之后 1909 年韦伯的《工业区位论：区位的纯理论》开始了工业活动的区位问题研究。后来帕兰德、胡佛等不断对工业区位论进行修正丰富。德国学者克里斯特勒（1998）在《德国南部的中心地》中开始对城市体系的空间分布进行研究。勒施从市场区竞争角度提出城市与市场区空间结构模型。哈格特（1977）最先提出空间结构概念，从几何学的角度提出了区域空间结构的六要素，即运动、路径、地面、节点、节点层次、扩散。

国内外学者们针对城市群空间结构特征提出多核心城市群、网络城市群、卫星城、走廊城市群、组合城市、新城、无边缘城市及边缘城市等空间格局。陆玉麟（1998）提出以省会城市和港口城市为中心城市的双核模式城市群。王士君（2001）提出主副双核心城市群、"雁行"模式、"成长三角"模式、"多极"模式。年福华（2001）将城市群空间结构模式细分为极核、多中心、双子座、走廊发展等不同网络化模式。2003 年，姚士谋提出城市群具有空间网络结构特征。刘荣增和穆岚（2008）认为城镇密集区是由节点、网络和基质三部分组成。应具有比较高的城镇化水平、比较高的城区密度，同时也应具有整体性和多层次结构。唐茂华（2005）认为从外在表现来看，城市群空间由节点、网络及基质三部分组成。王珊（2008）认为长株潭城市群空间结构基本不协调，存在人口集聚不足、产业重置、基础设施不完善、土地利用不合理等问题；条块分割管理，交通运输条件的制约、空间统筹规划的缺失等是产生问题的主要原因；应形成"圈层" +"绿心"的空间模式。赫胜彬和王华伟（2015）采用引力模型测算了京津冀城市群的空间结构，将京津冀城市群空间结构归纳为"两核两副一轴两带多中心"。

在城市群空间结构的分析过程中，李响（2011）从社会网络分析视角对长三角城市群网络的基本形式、网络结构属性及内部微观特征进行分析，认为长三角城市间已互动形成紧密的网络状关联，但网络内各城市节点间中心性不均衡、枢纽型城市较少。梁经伟等（2015）从城市群的角度运用社会网络分析法对中国—东盟自贸区空间经济联系进行研究，认为自贸区内城市之间存在密切的联系，核心城市群与边缘城市群圈层明显。方大春和孙明月（2015）对长江三角洲城市群的16个核心城市进行社会网络分析，认为长三角城市群在高铁兴建后整体网络密度迅速提高，改善边缘城市对外交通设施是优化城市群空间结构的有效渠道。傅毅明和赵彦云（2016）构建了基于公路交通流大数据的城市群关联网络分析方法分析京津冀城市群，认为京津冀城市群关联网络发展水平较低，石家庄的影响辐射范围有限，网络的核心与联系有待加强。王圣云等（2016）应用社会网络方法，对1990年、2000年、2012年长江中游城市群空间网络结构动态演变进行比较分析，认为长江中游城市群空间网络形态尚不完备，多数城市游离于网络之外，适合发展多核心网络结构。

1.2.1.3　城市群空间结构演化动力及优化途径

瑞典学者哈格斯特兰提出空间扩散理论，认为城市核心区域和边缘区域的互动过程促进了整个空间系统的发展。国内学者对城市群空间结构演变过程进行了研究，从多个角度提出了演化动力机制，主要包括政策机制、市场机制、集聚与扩散机制、交通因素等。

姚士谋等（2008）提出北京市的大都市空间可扩展因素包括城区发展政策、现代工业化与交通因素；上海市的大都市用地可扩展的三个动力是：生产力发展所引起的工业布局向外扩展、交通因素以及城市经济的发展。顾朝林（2011）、吴启焰（2012）提出集聚和扩散是城市及其空间结构和地域结构演化的根本机制。陶松龄和甄富春（2002）提出，政府的力量作为一种非市场行为，是长三角城市空间演化的最重要方法和途径，体现的是市场力量与政府力量共同作用的结果。王兴平（2014）提出高新技术发展是促进城市空间演变的直接动力。朱英明等（2000）指出城市群空间结构演化的重要动力机制是集聚与扩散机制，企业或企业集团组织及其行为、知识经济、城市居住空间结构演变越来越影响着城市群空间结构演化。薛东前和王传胜（2002）提出产业结构变革和产业集中是城市群空间拓展的最直接动力，其中经济活动又是城市群空间拓展的决定性因素。叶玉瑶（2006）指出城市群空间变化动力来源于自然生长力、政府调控力、市场驱动力，并构建了城市群空间演化动力模型。刘静玉和王发曾（2004）认为产业的集聚与扩散、政府行为和企业选择、城市的集聚与扩散等是城市群形成的动力。王珺和周均清（2008）认为空间结构因素是影响武汉城市圈竞争力的主要原因，通过分析武汉城市圈空间结构的演化过程和特征，发现自然条件、产业、交通以及政策等因素是武汉城市圈空间结构的主要成因，进而提出构建网络城市系统的方法优化武汉城市圈空间结构。毕秀晶（2014）认为城市群作为一个特殊的生态系统，其空间演化是市场引导的自组织与政府主导的被组织力量相互作用共同推动形成的，系统的自组织力量既是空间演化最直接的，也是最重要的内在驱动力。谭娟（2014）认为交通基础设施是城市群空间结构优化的动力。邓元慧（2015）通过对长三角城市群空间结构演化分析指出，创新能力、企业空间组织结构变迁、产业升级、交通基础设施网络、政府良好的规划和管理制度是城市群形成和发展的重要保障。

国内外基于土地资本与城市群空间结构关系角度来探讨得不多，以土地价格与城市群空间结构关系的研究为主。邓羽（2015）采用 GIS 克里格方法并对基准地价进行预测并解读了由该方法反映出的地价空间结构特征。于璐等（2008）利用特征价格模型对北京市住房价格空间梯度进行了实证研究。陈成（2007）探讨了地价对城市土地利用的影响。王芳（2014）利用北京市二手房市场住宅价格数据，通过 GIS 空间分析、空间自相关分析和 Hedonic 回归分析等方法从住宅价格的角度分析了城市空间结构的优化调整问题。

周国华等（2001）等对长株潭城市群空间结构的基本特征进行分析，提出了构建由城镇等级系统、城镇轴带系统和圈层构成的圈层结构，并配合市（镇）际绿色开敞空间及快速通道网络。张亚斌等（2006）认为产业集聚与城市群形成有关，企业在自由选择生产区位的条件下，不同地区将在历史中演变成不同等级的城市群，这些城市群也就构成了区域"圈层"经济结构。史进等（2013）利用耦合度评价和结构方程证明了我国城市群经济空间、资源环境及国土利用之间存在较强的耦合关系。王珺（2008）从产业、基础设施及制度措施层面对武汉城市群空间结构给出建议，认为在制度保障下，加强城市节点及节点之间的产业分工和配合，完善基础设施是促进武汉城市圈空间结构优化的主要渠道。李春慧（2006）认为山东半岛城市群内部一体化和加强基础设施建设是山东半岛城市群城镇体系空间结构的优化措施。贾永健（2007）对徐州都市圈空间结构进行分析后，提出依托空间结构轴线，围绕核心城市加强圈层内外沟通是空间结构优化的方向。姜晴（2009）关注到应用交通线对城市空间结构布局优化的方法。王达金（2014）提出经济增长、产业调整、土地利用结构及城市规划是城市空间结构优化的驱动力，而土地价格是影响城市空间结构的最直接因素。钱顺岳（2014）认为打破行政壁垒、保障要素自由流动、加强基础设计建设可以优化城市群空间结构。王珺（2008）、王珊（2008）、苏海宽等（2011）、朱顺娟（2012）、李锐（2014）等分别针对山东城市体系，西安、武汉、兰州、济南等都市圈，以及长株潭城市群等的空间结构优化，从产业、基础设施、宏观调控政策、城市布局等多方面提出对策建议。

综上所述，对城市群形成与发展及城市空间结构等方面的研究成果很多，我国城市群体系和发展策略也日趋成熟，众多学者开始把研究目光投向城市群空间结构优化的研究，把城市群空间结构的改变作为促进城市群经济增长的基础和突破口。但大多数研究目前还停留在对某个城市群或某个区域范围内空间布局的对策建议，所提建议一般比较抽象和概括，未能从理论、模型或实证上对优化的方法、路径进行科学的分析和论证，缺乏系统性和可行性。土地资本是综合要素，通过建立模型可以将产业的集聚扩散、基础设施、政府、企业及个人等主体的行为等因素在土地资本价值上综合体现，并且在现实中有确切可参照的时间序列数据即土地价格，从理论模型和实证等方面论证土地资本对城市群空间结构优化起主导作用。

1.2.2 文献评述

虽然国内外城市空间结构的研究开始很早，但是对城市群空间结构的关注仅开始了 70 余年。我国对城市群空间结构的研究是从 20 世纪 80 年代开始，直到 2000 年之后才得到广泛的重视，这与我国城市化水平和国内城市群发展的阶段相关联。我国大多数学者在对某一城市群实证的基础上提出空间结构特点，从形态上谈优化的方向，提出的主要空间结构优化模式有"雁行"模式、"点轴"模式、"双子"模式、"走廊"模式、"网状"模式、"多圈层"模式等。这些抽象的模式能够指出重点发展的城市和有潜力的区域，但都是针对特定区域的设计，没有给出城市群空间结构优化的一般方向。有的学者从不同经济层面给出城市群空间结构优化的方向，如从宏观、中观、微观层面或者从社会、经济、生态层面，以及从政府、企业单位、个人层面，但阐述相对笼统，没有给出具体的指导路径。有学者从演化过程和格局的角度进行探讨，提出多种城市群空间结构演化的基本驱动力，包括自然力、产业驱动力及政府调控力等。这些基本驱动力对城市群空间结构的演化起了重要的推动作用，但未对这些驱动力背后的根源及其如何作用于城市群空间结构进行深入探讨。20 世纪 80 年代，周诚等学者关注土地资本的问题，并对土地资本的构成进行了深入剖析。由于土地在改革开放初期的市场化程度不高，相关的地价数据主要以协议出让为主且难以获得，使用土地价格分析土地资本的条件尚不具备，因此对土地资本的空间分析及其与城市群之间内在联系的研究相对滞后。随着土地价格市场交易数据的公开，2007 年之后许多学者开始运用空间计量和地理信息系统等分析方法对土地价格数据空间分布进行研究，主要成果集中在土地价格在城市中的空间分布特征、影响城市土地价格的因素及土地价格与产业布局之间的关系等方面，其中研究住宅价格分布规律的成果较多。将土地价格抽象为土地资本，并对土地价格影响城市群空间结构的研究成果较少。部分学者关注到土地资本在空间结构演化中的作用，但并未就土地资本分布规律与城市群空间结构的互动关系展开讨论。

1.3　研究思路、方法和难点

　　本书拟在对土地资本的内涵和本质探讨的基础上，探寻影响土地资本集聚规律和土地资本对城市群空间结构的作用机制，为城市群空间结构优化找寻合理且可行的途径。在理论探索的基础上，提出土地资本集聚驱动城市群空间结构优化假说，并利用山东半岛城市群的相关数据对理论进行检验。通过对处于上升发展阶段的山东半岛城市群的土地价格和空间结构之间关系的研究和分析，了解土地资本在山东半岛城市群的分布规律，检验土地资本与城市群空间结构相关关系，探讨土地资本驱动城市群空间结构优化的证据和规律，提出城市群空间结构优化的具体操作路径和政策建议。

研究的难点在于对土地资本内涵和土地集聚原理的剖析及土地资本与城市群空间结构之间关系的梳理。目前对土地资本的研究不多，将其与城市群空间结合起来的研究相对稀少。本书试图构建土地资本集聚模型，从土地资本的构成、影响因素及集聚过程等角度探寻土地资本形成及变化的本质原因。通过构建土地资本集聚驱动城市群空间结构演变的模型，明确土地资本集聚在城市群空间结构优化过程中的决定性作用，并探讨二者的互动过程。对城市群空间结构的分析与研究不仅要考虑节点之间的关系、空间集聚关系和集聚状态，还要考虑要素的相对区位关系和经济联系（陆大道，1995）。

土地价格数据来自中国土地市场网公开发布的 2008 ~ 2015 年山东半岛城市群范围内的全部地价信息，选取其中由招牌挂方式进行出让的地价结果。城市经济数据来源于《中国城市统计年鉴》（2008 ~ 2015年）。山东半岛城市群空间坐标及距离数据来自谷歌地图。利用 2008 ~ 2015 年山东半岛城市群市场交易地价的时间序列及经济人口的相关数据，采用社会网络分析方法、空间计量及克里金插值分析等方法，借助 UCINET、STATA、ArcGIS 和 SPSS 等分析工具，分析山东半岛城市群空间结构的形成及特征，为实现城市群的空间结构升级及改进给出有针对性的措施建议。

由于本书选取的数据仅为抽样数据，部分土地价格数据并未公开发布或者数据部分信息缺失，因此样本选取不够全面，参数取舍也造成结果存在误差。同时，建立模型前提假设较多，与现实有一定的差距，虽然能够说明一定的问题，但是尚需完善和深入研究。在对山东半岛城市群的实证研究中，本书以土地价格替代土地资本来完成检验过程。虽然土地价格是土地资本的外在表现，但是二者之间仍存在一定的偏差，土地价格无法完全替代土地资本，但目前尚未完成将二者之间关系量化的研究，因此研究结果的精确度尚需进一步确认。另外，土地价格中某些非市场因素的存在，也会影响结果。

1.4 研究的创新点和逻辑框架

1.4.1 研究的创新点

本书的创新点体现在以下四个方面：

（1）对土地资本形成和土地资本集聚过程进行解析。土地资本集聚是近年来逐渐开始的研究，对土地资本集聚的研究多停留在概念分析，能够解释土地资本与城市群空间结构的模型较少。利用土地资本形成模型从土地资本存量流量的角度分析土地资本的集聚和沉淀现象，并利用四象限模型说明土地资本的形成和转化过程。

（2）构建土地资本集聚与城市群空间结构优化的互动过程模型。在前人研究的基础上，分别构建土地资本与城市边界、中心城市形成和人口空间迁移的关系模型，从政府、企业和个人三个土地资本集聚主体对城市群空间结构影响的角度出发，论述土地资本集聚对城市群空间结构的驱动作用，并在理论分析的基础上构建土地资本集聚驱动城市群空间结构优化模型。从土地资本集聚的角度出发，探讨城市群空间结构构成要素与土地资本之间的内在联系，具有一定的创新性。

（3）综合运用多种计算机辅助技术，对分类地价数据进行多角度处理，验证所提理论。为找寻土地资本集聚现象的存在证据，在科学的方法指导下，选择正在快速发展变化中的山东半岛城市群为研究对象，用土地价格表征土地资本变化，利用 ArcGIS 地理信息系统对自然资源部网站公开发布的 2008～2015 年土地市场交易信息进行处理，运用克里金插值法对土地价格空间分布规律进行展示，验证了商业用地、工业用地和居住用地三类土地资本在山东半岛城市群呈集聚分布的规律。前人的研究多集中在城市范围内房地产价格分布规律或工业地价分布规律，对城市群范围内不同类型土地资本综合分布规律的探讨较少，本书分析的角度有一定的创新性。

（4）提出了城市群空间结构及其优化的指标，将抽象的空间结构用可量化的数值来体现。用具体数据来体现山东半岛城市群各成员城市之间的交流关系及土地资本集聚在山东半岛城市群空间结构变化中的推动作用。综合运用了社会网络分析及空间计量等方法，使用 UCINET、STATA、SPSS 等软件对山东半岛城市群空间结构进行综合解析，用大量数据充分描述山东半岛城市群的空间结构特征。从非空间相关性和空间相关性两个角度论证了当期和滞后期土地资本集聚与城市群空间结构要素之间的相关关系，并详细给出具体的影响因素和相关度，拓展了软件应用的范围。在搜集资料的范围内，较少利用该方法进行土地资本及城市群空间结构的深入研究。

1.4.2　研究逻辑框架

本书的研究思路和主要的思维脉络如图 1 - 1 所示。

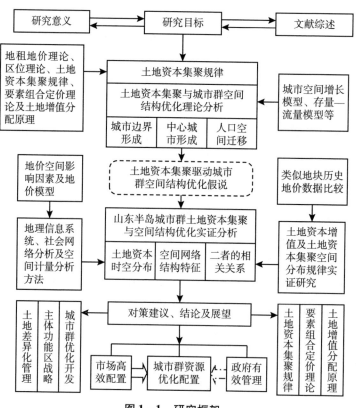

图 1 - 1　研究框架

1.5 本章小结

现代经济技术的发展使城市群成为区域发展的重要单元，对城市群的研究也广泛展开，但是对城市群空间结构的研究成果并不多，也较少有学者深入探讨城市群空间结构优化的根本动力、途径及方向的问题。本章梳理了前人对土地资本、土地价格、城市群及城市群空间结构等基本概念的阐述，对比了不同概念的侧重点；总结了城市群空间结构演化动力及优化途径的主要学术成果。在前人研究的基础上，通过对城市群空间结构演化过程的考察发现，土地资本集聚现象对城市群空间结构优化有促进作用。在城镇化初期的土地集聚利用主要是利用土地资源属性的低质量集聚，城镇化模式仍主要是将土地看作生产要素，并且在新开发城市用地中仍广泛存在。中国要想跳出原有的城镇化模式、实现城市群良性发展，土地的利用属性就必须改变。从利用土地的资源属性转化为土地的资本属性，重视利用和引导土地的金融功能和其他更高级的功能。在未来城市群的发展模式中，如何把土地作为资本和资产而不仅仅是资源和生产要素看待，这种认识的转变，也能够较好地解释社会中出现的土地价格错位及土地资本在空间上集中等现象。依据土地资本集聚规律，提高城市土地利用效率，是优化城市群空间结构的关键。对土地资本驱动城市群空间结构优化的研究能够拓展城市群空间结构优化的理论，为城市群发展提供参考，具有一定的创新性和理论实践意义。

23

第2章 土地资本相关概念及理论

2.1 土地资本的理论概述

2.1.1 土地资本概念界定

土地资本是指土地的自然物质和投入土地之上的劳动及资本经转化凝结于土地之上，与土地物质不可分离，能够给产权人定期带来租金收入，并以土地价格的形式表现其存在的价值储存形式。研究土地资本的目的在于发现土地资本的作用，挖掘土地资本与城市群空间结构的内在联系，揭示土地资本对空间的引领作用。本书对土地资本的定义为：土地资本是由于土地天然具有资本属性而产生的表现形式，是土地物质和土地特性所共同形成的能够在市场经济中流通并在这个过程中创造并产生增值的附着物。

在人类改造和利用土地的过程中，土地的权属关系、使用特点及交易方式等都不断发生变化。土地具有不可替代的特殊用途，是生物繁衍生息的基础，能与其他生产资料结合产生出新的价值。由于土地具有自修复功能，如果使用方式恰当，土地可重复利用，自身价值不会灭失。因此，土地成为货币保值增值的重要载体，人们保有土地的目的不仅是生产和生活，更看重将来可以通过流转获取增值回报的资本属性，这也是土地可以称为土地资本的原因。大多数情况下土地资本能够给人类带来收益，并随着时间的推移而增值，但也有可能因为土地利用不当造成土地资本贬值。

　　资本能够在流动中产生增值，能够给资本持有者带来报酬。在政治经济学的观点中，资本是一种可以带来利息的价值，是价值储存的形式，在流转中产生增值。"资本"在形式上可以是能够带来利益收入的有价资产，包括有形资本、无形资本、资金资本和劳动力资本等。虽然资本本身不会创造价值（劳动创造价值），但是资本是生产要素配置的媒介，是合理分配社会资源形成现实生产力的基础性因素，是劳动价值的积累在生产过程和流通过程中实现了自身价值集聚。虽然劳动是价值的唯一来源，但土地具有特殊性。土地是一种特殊的资本形式，它以土地物质为基础，能够在市场经济条件下以商业地租的形式给产权人带来收益，并在使用过程中因不断投入劳动和资本而产生价值变动，价值变动结果会在产权流转时以土地价格的形式体现自身增值和价值集聚。

　　马克思在《资本论》第三卷和《哲学的贫困——答蒲鲁东先生〈贫困的哲学〉》提到了土地资本，认为土地资本是为改良土地功能而投入土地并与土地融合在一起，属于固定资本的范畴（马克思和恩格斯，1972）。这种固定资本与土地不可分离，外显为地上和地下构筑物的形式，或者与土地融为一体参与土地的流转之中（马克思和恩格斯，1972）。如对土地物质本身进行开发、优化所形成的土地使用价值，如土地"七通一平"、增强土地肥力，建造水利设施、交通设施等，这些活动中通过投入所形成的资本不容易与土地分离。土地资本有和实体即土地不可分离的耦性（马克思和恩格斯，1972）。有些学者将投入土地上的资本称为土地资本，这是狭义的土地资本，对土地资本的理解是不全面的，忽略了土地本身与投入物之间不可分离的属性，也没有考虑到资本在土地上发生的本质转化。本书探讨的是广义的土地资本，是指土地天然具有资本属性，土地能投入市场中流转，在运动状态中能实现增值，给所有者带来预期收益是土地的基本形式（贺国英，2005）。可见，土地资本与土地物质的区别就在于土地产权的可流动性和自身价值的增值性。

2.1.2　土地资本的特点

2.1.2.1　土地资本与土地物质密不可分

　　土地资源是陆地空间的载体，是国民经济和社会发展的重要物质财富。马克思和恩格斯（1972）认为土地资本和土地物质有"不可分离的耦性"，即土地价值由土地物质价值和土地资本价值耦合而成，二者互相影响、互相依存、互相融合，在现实中很难区分（周诚，1994）。而土地物质价值与土地资本价值共同凝结于土地之上，与土地不可分割，最终转化为土地资本的一部分。土地价格是资本化的地租，也是土地资本的外在表现形式。在市场经济中，土地价格显化了土地物质价值和土地资本价值。

土地资产强调土地的产权，并意味着土地产权具有可交换性的价值。人们可以选择使用土地获取需要的功能，也可以因具有产权而对外进行流通获益。土地资本产权人以土地出资得到利益的分红，如以土地入股或出租土地，也可以通过出售形成土地价格，将土地资产变现。

从人类对土地的认识和利用过程看，土地存在从资源—资产—资本的转换过程。土地作为资源和生产要素，具有使用价值，并在流通中形成价格。土地市场交易价格是土地资本价值及其增值情况的现实体现。土地市场价格的逐渐上升是土地资源价值、劳动价值和资本投入等在土地空间上集聚的结果，三者不是简单的叠加，而是产生集聚效应，即三者的集聚将带来大于简单相加的土地价值升值，并会使土地资本产生更大的吸引力，吸引更多的资本投入，且土地资本在这个过程中产生自身增值。某区域的土地资本从一定程度上体现了该地块使用价值和增值潜力的大小，因此土地资本价值高的土地会吸引资本和劳动在其空间上的集聚，进而引发更进一步的集聚效应。

土地资源是指已经被人类所利用和可预见的未来能被人类利用的土地，包括自然属性和经济（社会）属性（马光，2010）。土地资源强调了土地的物质特征；土地资产是指具有明确法律权属关系的土地，而这个土地是由土地物质（纯自然土地）和土地资本中不能与土地物质相分离的部分构成的（李元，2003）。土地资产从经济角度强调土地权利归属，是一种财产权利；土地资本是指投入土地，固定在土地上与土地合并的资本，而投入土地的这部分资本，不仅要按期收回，还要取得利息（程恩富，2000）。土地资本包括固化于土地之上的投入资本和土地物质原有的能带来的收益。土地资本强调的是土地投入社会经济市场中流通后，可以给所有者带来回报，包括利息收益和利润。一般意义上的土地租金包括真正的地租（马克思和恩格斯，1972）、土地资本的利息和折旧，还包括一部分利润和工资的扣除。土地资本是不可以与土地分离的固定资本，能产生利息和折旧。资本要获取社会平均利润，否则就会流向其他领域。由于农业资本有机构成低，而土地资本天然可获得超额利润，土地资本越高则回报越多。城市地租参照农业地租且高于农业地租，因此城市土地资本与资本结合也会带来超额利润。由于资本能够从中分得一部分超额利润，所以资本更倾向于与高土地资本结合。土地资本的收益是在不与土地物质分离的状态下产生的，其中必然包含地租，并且与地租无法完全区分开，因此土地资本的全部回报包括了真正的地租和资本投入回报。经济市场上产生的租金体现了土地资本的回报，真正的地租与资本投入的回报无法完全区分开。土地价格是资本化的地租，也是对土地资本大小的评价。土地资本通过土地价格在市场上体现其价值，并发挥其影响作用。投入城市土地上的资本包括多个方面，如政府投入的公共基础设施（道路、管道、教育、卫生、环境治理）、企业（集聚，地方化和城市化）、人力资本（人口）、知识溢出。单位面积土地资本及人均土地资本的高低，体现了该区域集聚力和分散力的高低。

2.1.2.2　土地资本的累积性

土地资本的累积性体现在土地资本随土地利用时间的推移而产生自身增值。形成原因在于：一方面，土地资源的稀缺性和永久性使土地价值储存和提升成为可能，进而带来土地资本累积。在市场经济条件下，现代社会对土地的争夺体现在对较优土地的竞争。由于土地是进行生产和生活不可或缺的要素，因此保有优质土地意味着可以从事各种活动或可因土地产权而获取收益。如果合理使用，土地的价值不会因使用损耗，反而会因使用而增值。土地这种特性使其具有一定的保值增值性，可作为投资品在市场上存在。土地资本高的土地往往是经过人类长时期的积累，更适合人类活动或能带来更高的经济效益，土地的永久性使高土地资本的土地更吸引投资和各类资源，这类地块往往更为稀缺。另一方面，受生产力水平的制约，如果仅考虑到土地的空间载体功能，开发新地块的成本较集约利用已开发土地高。因此，人们总以某一点为基础逐步由近及远、由易而难地进行土地的开发和利用。只有当已利用土地不能满足需求时，才会产生开发新区域的需求。土地资本的大小与土地所能提供的功能及对各项人类活动效率的提高度有关。不断在土地上精耕细作，提高土地利用效率和产出效率带来了土地资本累积。随着农业生产技术的提高和农村土地的集约利用，单位农村土地的产出不断增加，农村土地资本随之增加。我国农村土地产权不允许自由买卖，因此没有形成农村土地价格，难以对农村土地资本进行评定，但是农地的租用价格及转为城市用地时的价格提高也体现了农村土地资本的累积。由于城市土地利用集约度高，人类劳动投入较多，单位面积的城市土地产出效率高于农村土地。城市土地的较高产出效率必然引发高城市地租和土地收益，城市土地资本也普遍高于农村土地资本。土地的开发利用并非一蹴而就，随着对城市土地需求的增加，公共和私人对土地的投资逐步增加，城市土地的各项设施逐渐完善，土地资本随之产生逐步积累的增值过程。基础设施需要一定的时间规划建设，人口迁移和文化渗透也需要一定的时间才能改变。城市土地最初脱离农业活动时能够提供的城市功能较单一，各项城市人类活动所需设施较简陋，因此城市土地资本较低。随着土地资本的累积，资本回报率会增加，土地资本产生增值的外在表现是地价上升。根据我国国有土地基准地价的制定标准，基准地价是国家根据城镇规划区范围内，对不同用途、不同级别的土地进行评估并公布的国有土地使用权的平均价格。由山东省济南市国土资源局分别在 2007 年、2011 年及 2015 年制定的基准地价（见表 2 - 1）可以看出，不同级别的土地基准地价均有所上升，且涨幅平稳，体现了城市土地资本的累积性。

表 2 - 1　　　　　济南市市辖区国有土地基准地价　　　单位：元/平方米

土地级别	年份	I	II	III	IV	V	VI	VII	VIII	IX	X
商业用地	2007	4500	3245	2230	1850	1560	1270	950	755	510	430
	2011	6191	4627	3562	2784	1943	1665	1369	1040	718	
	2015	8028	6198	4618	3400	2617	2107	1675	1216	878	
居住用地	2007	3120	2120	1690	1325	1160	970	740	530	435	
	2011	4104	2967	2453	2078	1671	1280	968	679		
	2015	5608	4046	3252	3072	2307	1805	1207	848		

28

土地级别	年份	I	II	III	IV	V	VI	VII	VIII	IX	X
工业用地	2007	1850	1480	1060	725	525	415	360	215		
	2011	1900	1467	1081	749	592	472	375	280		
	2015	2055	1567	1142							

资料来源：济南市国土资源局网站：http://gtzyj.jinan.gov.cn/。

2.1.2.3 土地资本的整体性

土地资本不同于普通资本的特性还在于整体性和返还性方面。土地利用存在外部性和规模效应，农用土地的耕种需要一定的规模才能实现农产品生产，城市土地需要足够的面积才能发挥功能，土地利用的整体规划有利于大规模设施的建设和降低成本。因此，土地的投入以一定范围内的土地为一个整体进行，也使土地资本不可分割。土地资本相对于其他资本的流动性和分割性较差，目前基本仅限于宗地交易，流通方式也相对单一。土地资本通常以宗地为基本单元，不可随意拆分，其流转可以分两种情况，一种情况是以宗地为单元的土地产权流转，主要是国家和用地单位之间的批租，以及用地单位之间的再转让；另一种情况是以房屋建筑物为基本单元进行流转，体现在市面上存量房的再买卖。因为土地资本流转受到国家的控制，需要多重审查，并且对一次性流转的金额要求普遍较高，所以流转的速度和灵活性要低于其他类型的资本。

2.1.3 土地资本的构成

土地资本的形成伴随着人类对土地资源开发和利用的漫长过程，在这个过程中对土地的认识也在不断加深。从把土地当作一种资源，发展到土地的资产价值，进而意识到土地资本属性。土地资源、土地资产及土地资本是土地的三种基本属性。土地资源强调的是土地作为一种自然物质，能够对人类有用途或者价值。许多学者从土地资源的角度对土地进行定义。土地是地球外壳的陆地部分，是由泥土与砂石堆成的固定场所，至于水面，如海洋、江河、湖泊、池沼等，和地上空气层以及附着于地面与地中的各种物质和能力，均不列入土地范畴之内。美国经济学家伊利（Richard. T. Ely）认为经济学所指的土地是自然源或自然的理论，不单指地球的表面，还包括地面以上和地面以下的一切物质。土地资源具有承载功能、可耕功能、生产和养育功能、土地蓄积及聚财功能等（王德起，2009）。

土地的特性被人类所利用，成为人类活动不可替代的物质基础，土地资源转化为人类乐于保有的土地资产。土地资产是作为财产的土地（张月蓉，1993）。刘书楷认为土地资产是"国家、社会、企事业单位或个人占用的土地资源作为其财产的权利……之所以称其为土地资产，是由于取得这种资产时是按成本计价的，即在取得土地资源时必须以实际成本支付货币支付。在商品经济和现代产权条件下，土地资产亦应是资本的物的表现"（刘书楷，1993）。

土地资本是土地的基本属性之一，也是土地在市场经济中重要的存在形式。土地资本以土地资源为基础，以土地资产为载体在市场运行中不断集聚、流转，为产权人带来收益或财富，既是生活必需品，也是投资品。土地能够产生自然增值，能够用货币来衡量其价值和增值数量，具有资本所具有的制度属性、价值属性及物质属性（王德起，2009）。舒尔茨扩展了资本的范畴，将人力资本纳入进来，土地资产也同样可以视为资本。现代社会节奏加快，货币流通速度增加，从土地资本的角度来研究土地，更好地发挥土地的经济属性，剖析其在经济运行中的本质作用，更有利于提高土地资源的配置效率。

我国农村土地归农民集体所有，农民个人不能自由转让或转租。农用地不允许自由流转，只有依法由国家统一进行征收转变为城市用地之后，才能从事非农业建设活动。在农转非的过程中，农村土地体现了土地资本特点，以补偿价格的形式体现土地资本的大小。根据《中华人民共和国土地管理法》第四十八条规定，征收土地应当依法及时足额支付土地补偿费、安置补助费以及农村村民住宅、其他地上附着物和青苗等的补偿费用，并安排被征地农民的社会保障费用。补偿的总金额与土地所在位置、农业用途产出、地面的开发程度等有很大关系，因此农村土地资本进入市场后也会带来收益，也会因前期的投入和积累而增值。农村集体所有的土地虽然具有土地资本的属性，但是目前我国不能自由进入退出市场，未能充分体现其土地资本特点和价值。如果农地变城市用地，机会成本就是原有农地的土地资本。城市土地市场化程度较高，流转限制较少，并且城市土地出让主要采用招标、拍卖和挂牌等公开竞争的形式，市场化程度大大提高。

土地包含四个维度的要素，即自然、经济、社会和时间因素，将土地资本表示成函数的形式：$L = F(n, e, s, t)$。其中，L 表示土地资本，n 表示自然因素，e 表示经济因素，s 表示社会因素，t 表示时间因素。土地资本是固定资本，具有将对自身的投入转化为土地的不可分离的一部分，随着时间的推移，投入日积月累产生积累效果。对土地的投入不一定会全部沉淀积累下来，并成为土地资本的一部分，也存在耗损和转移，甚至存在负效应大于正效应造成土地资本贬值。土地资本具有投资品的特性，投资价值随市场供给和需求波动，市场波动影响土地资本的大小。

对土地资本的投入通常有两种形式，一种是劳动力，另一种是资金（实物投资可以折算成资金）。这两种都是投资，投资的结果是与土地凝结在一起，在不可分离的状态下进行使用。土地对周边地块产生正的或者负的外部效应，土地资本也会产生邻近效应和辐射效应，影响周边地块的土地资本。土地投资的主体可以是政府、企事业单位及个人。对土地的投资目的有非营利性的，也有营利性的，这些都会对土地资本产生影响，产生连锁反应，引发乘数效应。有些影响不一定在投资当期体现，但会在若干时间后逐渐显现，如政府的基础设施投入。

影响土地资本大小的因素有很多，甚至突发事件也会对土地资本产生影响。这些影响因素与土地资本的关系是双向互动的。一方面劳动和资金的投入影响经济、社会和生态水平，另一方面土地资本的提高或降低也会对经济社会和生态产生巨大的影响。

由政府、企业和个人等行为主体的活动对经济、社会及生态等产生不同的组合结果（见图 2－1）与土地紧密结合，体现了土地资本的价值和类型，并成为促进城市群空间结构改变的重要因素。土地资本与城市群空间结构之间正是通过这些要素产生互动。

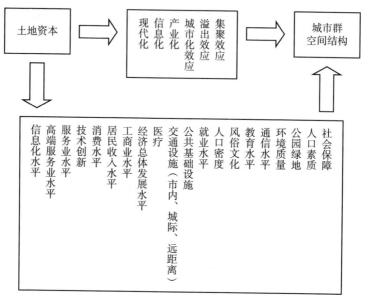

图 2-1　土地资本与城市群空间结构互动关系

从投入影响的结果角度，可以将土地资本结构分为经济、社会、生态三方面。土地资本价值可以从物质和资本两个角度来看，即：

土地资本价值 = 土地物质价值 + 土地自身资本价值

土地物质价值是指某一特定地块天然具有的价值，体现其作为自然资源的原始基础价值，不包含人类劳动创造的价值。土地物质价值的产生是由于土地所有权的垄断，是真正地租的资本化。真正地租包含绝对地租和级差地租Ⅰ。绝对地租可以定义为统计范围内最差的土地的地租。由于级差地租在一定范围内才有意义，因此将地块所处区域的所有土地按级差等分成若干阶。

$$C_w = [r_0 + r_j(1+j)^n] \cdot u \cdot g \qquad (2.1)$$

其中，C_w 为土地物质价值；r_0 为绝对地租资本化；r_j 为相邻土地级差地租差幅资本化；j 为统计区域内土地级数；n 为该地块位于所处区域的级数；u 为通胀调整系数；g 为供求调整系数。

土地自身资本价值是由人类劳动价值和投入资本转化而来与土地物质不可分割的部分。土地自身资本价值体现了人类在改造自然的历史过程中，对土地不断开发和投入的积淀，最终形成城市级差地租。理论公式如下：

$$C_z = C_i \cdot K_m \cdot (1 + K_n)^i \cdot u + C_0 + W \tag{2.2}$$

其中，C_z 为土地自身资本价值；C_i 为过去劳动和投资积累的价值；K_m 为价值耗散系数；K_n 为年投资回报率；u 为通胀调整系数；C_0 为当期新的投入产生的土地资本增值；W 为外部辐射价值。

土地资本的积累来自历史或自然的形成、政府公共基础设施投资、企业单位的投入、个人的投入等多个方面。农作物的生产对土壤、气候、地质、地貌及水源等的要求比较高。随着人类改造土地的能力加强，许多荒地、盐碱地等劣等土地被改造成良田，农业设施的建设大大提高了产出效率，这些投入和治理都提高了农业用地的土地资本。尽管如此，土地自然条件对农业活动的影响较大，人类的改造对土地性状的影响相对于土地初始自然条件来说较小，农业土地的原始风貌很难有大的改变，因此农村土地资本中所含物质价值比例较高。城市是人类开发建设的结果，给人类提供自然界所不能直接提供的产出。城市土地的重要功能是为人类提供人工创造的物质产品和精神产品，因此土地的自然资源属性在城市中评估价值较低，人们更看重的是经人类改造后的自然地理区位和建造设施的功能。从当今的城市群空间发展来看，自然条件和自然资源虽然是城市群空间形成和演化的必要条件，但是已经不是城市群形成和发展的决定因素（彭翀和顾朝林，2011）。土地自身资本价值在现实中往往体现为城市级差地租。城市级差地租不再因土地的肥沃程度不同而产生，甚至受土地物质特性的影响也微乎其微。城市级差地租主要与人类活动及投入不同而产生的经济地理区位有关。

市场供需变化和用地类型规划等因素会对土地价格产生影响，不是土地自然或者对土地本身投资的回报，但该变化反映在总的土地市场价格之中。假定土地交易市场化，政府的城市规划行为遵循市场规律，市场变动、预期和土地用途等反映了土地资本投资的结果已经包含于土地资本价格之中。在阿朗索竞租函数曲线中，不同行业的投资回报率不同，地价是对土地进行最高价值用途利用的结果，能最大化反映土地资本的价值。土地资本的大小可以用土地资本价格来体现，虽然土地市场价格中包含有土地物质价格，但是仍可以用地价表征土地资本大小。然而，在城市地价中土地物质价格的部分所占比重越来越小。根据史料记载的明清城镇土地交易资料，统一以购买粮食数量作为衡量土地价格的标准，除去通货膨胀因素发现古代土地的价格远远低于现代城市价格。

同一城市内基本无基础设施的土地价格和设施完善的土地价格的相比，二者差异较大。现代社会人们更关注的是公共基础设施等是否完善，对土地自然的面积、区位、承载力等因素的反应并不敏感。此外，土地物质与土地资本互相融合、不可分割，因而较难将土地物质价格和土地资本价格严格区分，且土地资本价格也体现了土地物质价格。

　　土地资本的外在表现是土地价格，土地价格是资本化的地租。土地资本价值的外在表现形式是土地价格，但是二者不完全相同。由于土地价格的形成是市场作用下形成的，是土地价值流量的概念，土地资本体现的是土地存量，土地价格包含土地资本溢价，资本溢价将在下一期转化为土地资本，并且包含投机泡沫的成分，因此可认为土地资本与土地价格之间存在表征关系。

　　土地价格对市场上通货膨胀反应敏感，当通货膨胀率上升时，预期的存在使得地价高于土地资本的实际价值而过快上涨；当通货膨胀率下降时，地价快于土地资本的实际值下降，二者的差异就是土地溢价。令 P 代表价格，U 代表通货膨胀率，S_1 代表土地交易价格，S_2 代表土地资本实际价格。图 2-2 表明，土地交易价格与土地资本实际带来的价值之间存在一定的比例关系，二者之间的差距随着通货膨胀率的增加而增加。

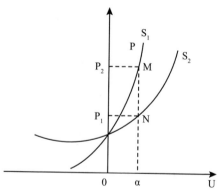

图 2-2　土地资本价值与土地价格的关系

二者关系可以描述为：

$$土地资本 = 土地价格 + A \cdot 通货膨胀率$$

A 的数值与人口、经济发展水平等有关系，可以简化为与城市等级相关，等级越高，A 的数值越大，反之越小。

2.2　土地资本与地租地价理论

地租是由于个人或者组织租赁土地而支付给土地产权人的报酬，是土地产权权属在经济上的实现形式。地租是衡量土地产权回报最直观、最现实的形式，现代城市中的地租常以转化的形式存在，如房租、房地产价格、土地价格等，甚至转嫁到普通商品售价上。土地资本的价值体现在地租上，正因为存在地租收益，土地资本才得以存在并在流转中增值。土地价格是市场经济条件下资本化的地租，是土地价值的货币展现形式，也是土地资本的外在表现。土地价格是市场作用下的结果，受供给和需求关系的影响，土地价格体现实用价值和投资价值，土地价格不完全等同于土地资本，但是土地市场价格是土地价值和土地资本的最好体现，也是最贴近实际值的指标。

2.2.1　地租理论评述

2.2.1.1　古典经济学地租理论

（1）威廉·配第的地租理论。

地租理论的早期研究可以追溯到 17 世纪末期，英国古典经济学家威廉·配第在《赋税论：献给英文人士货币略论》中指出，土地所有者因保有土地而获得的地租是土地上农作物生产所得的剩余收入。威廉·配第最早提出级差地租，并对级差地租的含义和构成进行论述，他认为级差地租的出现与土地本身的质量、肥沃程度、位置等有直接关系，因同等大小的土地的肥沃情况不同、距离商品市场的远近不同及投放在等量土地上的劳动力人口的差别而产生。威廉·配第虽然没有直接给出级差地租 I 和级差地租 II 的概念，但是已经初步预料到了它们的存在。威廉·配第是在劳动价值论的基础上对地租地价加以论述，认为土地本身和劳动力都是财富产生的源泉，充分认识到土地资源这种自然资源的特殊性能够在产生价值过程中起着重要的作用，劳动要与土地相配合才能创造市场价值；同时指出，在自由市场条件下，土地价格就是土地的自然价值，是地租的转化形式，初步认为可以用地租的资本化来计算。该理论为后来的土地价格评估和资产评估提供了参考。

（2）亚当·斯密的地租理论。

经济学家亚当·斯密全面而系统地阐述了地租理论，认为地租是为了利用土地获取回报而支付的价格，是土地产品价格中减去租地资本家用以购买生产所必须的生产资料和生产工具、雇佣劳动力等的前期投入，并提供当地农业资本平均利润后的余额。这部分地租归土地所有者所有，本质是绝对地租。亚当·斯密指出，地租是一种垄断价格，与地主改良土地的投资额成比例。土地改良与否，不影响地主收取租金的行为；如果改良由租地人投资，地主在租约期满时通常要求增加租金。斯密地租理论中提出，所有非农业地租的大小都由农业地租调节。建筑地租中区分了房租和地皮租，二者分别归房屋主人和土地所有者，房租中超过平均利润的部分归入地皮。亚当·斯密同样考察了区位地租，指出良好的交通设施可以提高地租。

（3）詹姆斯·安德森的地租理论。

詹姆斯·安德森对地租理论的贡献主要是对级差地租理论的研究。他认为土地的重要属性产出能力与土地的自然属性和人工改良都有关系。通过生产方式的改变和施肥等可以将土地的原始自然状态完全改变。级差地租与土地的原始生产率没有任何关系，土地在某一区域范围内的相对生产率有关。一个国家的土地可以按照肥沃程度分成不同的等级。地租等于土地产品的市场价格超过平均利润的余额，等级低的土地地租低，但否认了绝对地租的存在。

（4）大卫·李嘉图的地租理论。

大卫·李嘉图通过研究劳动所包含的价值，系统地研究了地租理论，他将地租划分为两种，一种是给土地所有者的资金所代表的地租，另一种则是真正的地租。真正的地租是从经济学角度，为使用土地最本质的自然属性而付给地主的那部分土地产品，在经过改造的农场所付出的货币总额中，只有一部分是该种地租，另一部分则是对土地改良资本（包括地上建筑物）的支付。大卫·李嘉图对级差地租的定义为：在使用土地过程中，即使投入完全相同也会由于土地的性状不同而造成收获不同。他利用人们使用土地时会由优到劣依次耕作来说明级差地租Ⅰ的形成过程，虽然不承认存在绝对地租，但认为当人口增加时，最劣等地就会投入使用，就会有地租，进而影响到其他等级的土地地租上升。虽然土地空间扩展了，但是整体土地价格却并没有因此而下降。

(5) 冯·杜能的地租理论。

冯·杜能认为土地收入不完全来自土地，部分来自投资房屋等有价物所产生的利息。在农耕时代的社会背景下，假设所有土地除位置不同外没有任何区别，冯·杜能主要研究了因运费不同导致地租的支付能力不同而造成的农业活动的区位选择和级差地租 I 中因地理位置的远近而产生的地租不同。他将因土地质量和肥沃程度不同而产生的差异抽象化，只考虑土地因距离中心城区远近而带来的区位地租。

冯·杜能在《孤立国同农业和国民经济的关系》中用边际分析方法考察了生产费用和运输费用的变化同地租之间的关系。假设唯一的城市位于一个均质平原中心，平原是个孤立的区域，平原之外是没有人类活动的区域。所有的产品都必须运到中心城市进行交换，因此运费就在经济活动中起决定性作用。而运费的大小与运输的难易程度、距离的远近及货品的体积和重量等成比例，运费比率因农作物的种类差异而有所不同，农产品的种植产出活动是追求土地地租收入最大的前提条件，冯·杜能提出了一般意义下的地租收入公式：

$$R = PQ - CQ - tKQ = (P - C - tK)Q \qquad (2.3)$$

其中：R 是地租；P 是农作物产品价格；C 是农作物产品生产花费；Q 是农作物产品生产数量；K 表示到销售市场的距离；t 代表农产品运费比率。

距离市场的远近不同，需要支付的运费就不同，运费高的地方租金收入低，反之租金收入高。而不同作物运输难易程度不同，运费及运输要求也有差异，农业活动会自动选择在租金和运费配比最合理的地方。

古典经济学的地租理论主要是剩余理论，即地租是通过利用土地获得的土地收益减去使用土地过程中产生的成本及土地使用者所想获取的社会平均利润后的剩余，剩余的大小取决于产品价格及成本。土地的稀缺性造成土地所有权被控制在少数人手中，再加上土地不可移动，因此不能在全社会自由调节和分配，土地质量也存在差异，这些都引起了地租的产生。土地肥沃程度及土地位置不同会产生地租的差异。土地越肥沃，质量越好，地租越高；距离城区市场越近，地租越高；反之则越低。

2. 2. 1. 2　马克思政治经济学地租理论

马克思的地租理论以劳动价值理论和剩余价值理论为基础，考察了农业地租，并系统解释了地租出现的原因和条件。马克思认为农业资本家投资于土地需要获得社会平均利润，如同投资于其他工商业部门一样。农业资本家使用土地必须支付给土地所有者报酬，因此农业资本家使用土地所获得的剩余价值大于社会平均利润。超过平均利润的那部分剩余价值将以地租的形式支付给土地所有者。地租的本质是农业雇佣工人创造的剩余价值的一部分。马克思通过分析级差地租和绝对地租科学地解释了地租问题。

（1）级差地租。

级差地租是因土地质量的差异而产生的差异化地租，经营某些方面存在优势的土地的农业资本家获得高于社会平均利润的回报，但是由于存在土地所有权的垄断，土地所有者会要求获取这部分高出来的回报，最终这部分会在土地所有者与使用者之间分配。其来源是某块土地上的产品销售价格与社会生产价格存在差额。造成土地等级差异的原因有三个：自然土质条件不同；地理位置不同；在土地上进行投资产生的劳动生产率不同。

因土地的自然条件和相对位置的不同而产生的级差地租称为级差地租Ⅰ。等量资本和劳动投资于面积相等但是自然条件或区位不同的土地上就会产生不同的结果。由于土地是一种独特的数量有限的天然资源，所有土地都会投入使用，产品的价格会按照最劣等地的个别生产价格进行以保证最劣等地也会被使用，因此优等地的产出必定会高于劣等地。由于土地所有者的垄断经营权，高出来的这部分剩余价值以级差地租Ⅰ的形式归土地所有者占有。

在同一土地上连续增加投资，因同量资本之间的劳动生产率差异而产生的额外利润转化成级差地租Ⅱ。在同一土地上连续追加投资主要是在较优的土地上进行的，因为通常情况下较优的土地会吸引租地资本家做长期的投资或超过一般投资量的投资，并且会对未来土地的回报有较乐观的预期。级差地租Ⅱ在租约期满之前归租地资本家所有，在租约期满后转化为级差地租Ⅰ归土地所有者所有。但是如果租地资本家考虑续约，所有的级差地租Ⅱ是否都转化为级差地租Ⅰ与双方谈判的结果有关。

（2）绝对地租。

绝对地租是使用土地的基本代价，绝对地租的产生与土地所有者拥有土地所有权有关，是土地所有权的体现之一，由于土地的稀缺和垄断性，使用任何土地都要付出一定的代价。马克思认为绝对地租的产生与有机构成有关系，由于农业活动的特殊性，劳动力与资本结合所产生的剩余价值要高于其他行业，也就是利润率高于其他行业，这多出来的部分就用于支付地租，在劳动的剩余价值率相等的条件下，土地上的投资将会比等量的社会平均资本产生更多的剩余价值，从而带来更多的利润。但因为土地所有权的集中在某些特定人群手中，提高了农业的进入门槛，外部资本也很难参与进来，从而使得农业部门较多的利润不会参与整个社会的利润平均化，农产品的售价就高于按平均利润计算的生产价格，其实质是垄断价格。这个垄断价格受供给影响很小，主要由需要、支付能力及土地面积等决定。绝对地租的存在是产品价格高的原因，但在大多数情况下，绝对地租是微小的。

（3）垄断地租。

垄断地租含有超额利润，其产生并非土地本身的垄断，而是由特定地块上的产出品具有垄断性所引起，产出品的售价中含有垄断利润转化而形成的地租。真正的垄断价格不以生产成本和产品价值为基础，而是由购买者的购买意愿和可以支付的价格决定。垄断地租的产生是由于某一土地具有较好的自然特性，产生出其他土地所不能提供的独特产品，产品以超出价值基础的垄断价格进行出售，最终垄断价格产生的超额利润转为垄断地租（见图 2-3）。

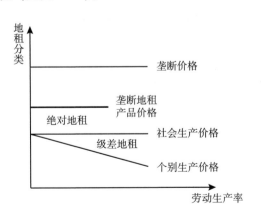

图 2-3　地租分类及其关系

2.2.1.3 新古典经济学地租理论

阿尔弗雷德·马歇尔把土地收益分为三部分：一是基于自然赋予特性的土地原始收入，称为"原始价值"，是经济学意义上真正的地租；二是对土地的投资而获得的收入，以及对土地表面进行改造建设投入的资本、投入劳动创造的价值收益，称为"私有价值"；三是随着社会进步，国家为了非营利目的而进行的投资，使土地具有的价值。他认为地租受供求支配，只是土地具有一些独立的特点。因为土地供给是固定的，没有生产费用和供给价格，所以地租只受需求大小的影响，大小由土地本身的边际生产力决定。他认为边际报酬递减规律是存在的，农业活动也是如此：对同一块土地不断增加后续资本和劳动投入后，农产品的产出量会增长，但是增加率会出现降低。当农产品的收益水平仅够支付耕种者的基本生存生活需要时，就达到了耕种的边际。

2.2.1.4 现代西方经济学地租理论

保罗·萨缪尔森认为，土地不同于其他元素的是总供给量由经济力量之外的其他力量决定，供给具有刚性特点，很难根据市场调节大小。因此土地的供给曲线可以认为是一条近乎垂直的直线，而它的均衡点就是它与需求曲线的相交点，这一点对应的地租就是土地的平衡价格，如图 2-4 中的 P_0。如果地租高于该点，就会使土地需求量 Q_1 少于现有的供应量 Q_0，因而一部分土地不能租出去，迫使土地所有者不得不降价；反之地租如果低于均衡价格，土地就会供不应求，造成价格回升。因此，只有在土地的总需求量恰好等于总供给量时，市场才保持平衡状态。

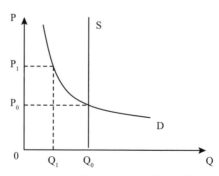

图 2-4　萨缪尔森土地供求曲线

2.2.2　城市地租理论及特征分析

2.2.2.1　城市绝对地租

社会发展到 21 世纪，人类对城市用地的需求不断增长，同时城区规模不断扩张。城市土地的位置因距离市场比较近，城市功能往往具有区位优势。由于农业的有机构成较高，因此农业土地必然有人使用以期获得比工业投资更多的剩余价值。最早的城市用地是由农业用地转化而来的，并且农业用地是相对稀缺的，土地经营方式是粗放的，因此如果城市地租不能高于农业地租。城市土地所有者可以选择将土地转化为农业用地，所以城市土地所有者收取地租的依据是农业地租。现实中由城市用地转为农业用地的情况极少见，从物质条件上看，一旦土地作为城市用地投入使用，转回农业功能存在较大困难；从人类发展来看，农业生产效率的提高和城市功能的增加，使人们对城市土地需求不断增加。

城市地租也同农业地租一样具有多层次地租类型。城市绝对地租是所有土地使用者都必须缴纳的地租，也是城市土地使用者必须缴纳的最便宜的地租。对城市土地来说，地理区位最为重要，城市最差的土地往往位于城市的最边缘地带，它曾经是位置最优的农业用地，也是最容易转为农业用地的城市土地，因此城市绝对地租至少等于城市边缘临近的农业地租。城市中地理位置差的土地是距离市中心或主城区比较远、交通不便利、公共基础设施不齐全、环境较差的地段。随着城市的不断进步，城市经济快速增长，社会生产效率大幅增加，无论在城市还是在农村因使用土地而带来的超额利润都会增加，对城市土地的需求量也会不断增加。因此，无论城市土地还是农村土地，其地租都会增加，最终超额利润的增加会引起城市绝对地租增加。

2.2.2.2　城市级差地租

城市级差地租是因城市土地空间位置的优劣带来的生产率不同而产生的。城市土地的主要功能是提供企事业单位和个人活动的场所。因此，交通、基础设施、环境、集聚程度等区位因素是影响城市级差地租的关键因素。因地理位置不同而形成的级差地租是城镇地租的主要表现形式。城镇地租也存在两种不同的级差地租形式：由位置引起的相对较高的利润在特定情况下会转化地租，称为城市级差地租Ⅰ；在城市土地上不间断投资，使得土地上建筑产生增值所带来的超额利润在一定条件下转化为城市级差地租Ⅱ。土地上城市公共基础设施的建设，会改变该土地的用途和区位并提升功能，进而提高该土地上的城市级差地租Ⅰ，同时会扩大该土地吸纳投资的能力，提高土地的承载能力和包容性，从而提高城市级差地租Ⅱ。城市级差地租Ⅱ不仅和土地的承载力有关，也和经济位置、城市土地规划、建筑产品的市场供求有关。

在我国现有的制度下，国家拥有土地所有权，城市级差地租Ⅰ归所有权人——国家。国家通过政府投资对城市土地进行完善，提高了城市土地的等级水平。企事业单位或者个人也会对取得土地使用权的城市土地进行改良和投资，在租约期满之前，改良所带来的超额利润即级差地租Ⅱ归土地使用者所有，租约期满后收归国家，同时也进行了级差地租Ⅱ向级差地租Ⅰ的转化。有的在租约期满前进行再次转让，从而使投资变现。因此，较长的土地出让年限对企事业单位和个人投资土地都有积极的促进作用，而频繁的转手则会损害城市土地改良的进程。

2.2.2.3 城市垄断地租

城市垄断地租是由于某些城市地块具有特性，从而使产出的生产经营商品具有特殊优越性，这些产出品的市场价格高于正常商品，因此给城市土地所有者带来较高的收益。在城市中，地租主要以商业地租的形态出现。城市垄断地租来自由于位置优越所带来的极高的人口流动量，因此能够销售出别处所不能企及的商品数量，进而形成垄断价格。同时，由于城市土地的稀缺性和区位的异质性，城镇土地具有较大的垄断属性。城镇土地投资所释放的地租效应具有明显的外部性，土地地租直接影响到周边土地或相似地块的地租水平。城市地租比农业地租更具积累性，在土地上的连续投资会不断增加城市地租的水平，城市土地投资见效快，其租金上涨速度也会快于农业地租。

我国城市土地归国家所有，因此政府对土地的一级市场起决定作用，也通过行政手段影响着二级市场上土地的转让。随着城市化深入，城市人口增加，空间扩大，城市对土地的需求量越来越大，城市土地价格偏离实际价值，从而形成垄断地租。城市中的房地产开发具有异质性，一些稀缺地段往往是独一无二的，因此每个城市中都或多或少存在具有垄断地位的土地，这些土地的地租中就包含垄断地租。

2.2.3　地价理论与地价影响因素

2.2.3.1　地价理论

（1）马克思地价理论。

土地价格与土地的垄断性和稀缺性有关，是土地所有权的体现形式。土地所有者借此权利获取土地收益，收益来自将土地出售或将土地出租，将土地出租获取地租收益，将土地出售获取地价收益。马克思认为土地价格是地租折算到现在相当于投入多少资本的数量。土地价格购买的不是土地本身，而是土地所能提供的收益或者效益的价格，计算公式为：地价＝地租/利息率。马克思的地价理论从地租地价的本源开始，对土地市场价格进行了科学的解释，是现代进行基准地价和土地出让价格评估的理论基础。

（2）西方经济地价理论。

第一，土地供求理论。

现代西方经济学从效用价值论的角度来论述土地价格。土地价格的形成是以土地具有效用、稀缺性与市场需求为基础的。

托马斯·罗伯特·马尔萨斯、让—巴蒂斯特·萨伊、阿尔弗雷德·马歇尔和保罗·萨缪尔森等人以市场价格为基础，从土地供求理论的角度对价格进行了研究，认为土地的提供量或供给量和实际需求量决定了土地价格。土地的供给是刚性的，但是并非毫无弹性。当土地供给增加，需求下降时，地价下降；反之土地供给减少，需求增加，地价上涨。土地供给受土地的自然供给数量、政府规划等因素的影响；土地的需求量受城市化水平、人口数量和人口构成情况、国家总体收入等方面影响。

常见的模型有两种：①短期内土地供给刚性。在这种情况下短期土地供给曲线 S 是垂直于横向坐标轴的直线（见图 2－5），在市场发生变化时由于存在时滞效应，供给几乎不随市场变化而变化，因此土地需求的变动决定了土地在市场上售价的高低。D_1、D_2 为需求曲线。供给曲线 S 与初始状态的需求曲线 D_1 相交于一点，对应价格 P_0 为初始市场均衡价格。当市场发生变化造成需求增加时，如收入增加或人口增加等，需求曲线上移至 D_2，而供给保持不变。此时 D_2 与 S 相交点对应的土地价格上升至 P_1。②长期内土地供给有一定弹性。土地价格由土地供给和需求共同决定，如图 2-6 所示。初始土地供给曲线 S_0 与需求曲线 D_0 相交于 E_0，P_0 是均衡价格，Q_0 是均衡数量。当土地市场发生变动，产生促使土地需求增加的因素，需求曲线从 D_0 增加到 D_1，市场均衡被打破，价格从 P_0 上升到 P_1，这时由于价格上升，提供土地一方数量增加，从 S_0 增加到 S_1，市场再次达到稳定状态。其他土地供给和需求发生变化时的曲线变化不再赘述，此时土地价格由买方和卖方共同决定。虽然长期内的土地供给有一定弹性，但是供给总量受自然条件和国家的控制，弹性较小。

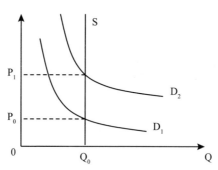

图 2-5 短期内土地价格变动规律

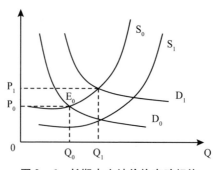

图 2-6 长期内土地价格变动规律

之后，石田赖房（1962）又进一步分析了土地供求理论与价格关系研究。石田赖房（1962）认为土地稀缺并且供给受政府控制，市场表现类似限量供应商品，因而与正常商品供求特征不同。土地利用有多种类型，不同类型的土地供求特征不同，对价格的反应程度也不同。因此，当地价持续上涨超过了某一限度时，土地所有者因对土地价格有乐观的预期而惜售，造成供给并且不随价格上浮而增加，而买房者却因土地价格不断走高而增加迅速，因而土地供需此时不能达到平衡，价格进一步上涨。

第二，土地收益论。

美国土地经济学家理查德·伊利和爱德华·莫尔豪斯在《土地经济学原理》中提到"土地收益是确定土地价值的基础"，是土地收益起决定性作用，而不是土地价格起决定性作用（伊利，1982）。土地不同于一般的生产资料，它能够为土地的所有者或者使用者带来持续不断的收益，并且如果使用得当就能可持续利用。土地收益理论认为土地收益是地租的来源，没有收益也就没有地租，因此土地收益被称为地租流。土地收益指的是处于较好利用状态与利用方向情况下的土地客观收益及土地纯收益。土地纯收益是指收益中除去生产成本及税收总额后的总收益的剩下数值。如果土地的总收入仅够支付工资和生产费用，则认为该土地没有收益，也就没有地租。伊利（1982）认为，人们希望当期获取收益，这要比未来的收益更受人们重视，即越远期的收益越不受重视，预期的收益可以用一定的利率折现出让，即现在收益。将预期年收益转化为现在的本金额，在经济学上称为土地的资本价值，即土地售价。因此，土地价格就是土地收益的资本化，用公式表示为：

$$Q = S/r \tag{2.4}$$

式（2.4）中：Q 为土地价格；S 为土地基本收益；r 为土地还原利率。

第三，区位影响地价理论。

区位是城市之中某地块的相对位置。区位影响土地的利用方式和利用强度，所以必然会对土地价格产生影响。区位影响土地价格的研究主要从两个角度进行：对区位和城市土地价格关系的整体研究；针对某一特定区位因素与城市土地价格关系的研究。这两方面的研究成果都很丰富，早期研究都是从交通运输区位的角度出发，探讨因运费差异而导致的租金不同，进而影响到土地价格。

1925 年，罗伯特·帕克和欧尼斯特·沃森·伯吉斯以芝加哥的城市土地利用为研究对象，提出了城市区位和地价布局的同心圆模式。他们认为由于交通可达性的不同，市中心是整个城市土地中最重要的土地，位置最好，人口流动最快，能够产生的收益也最大，土地需求远高于供给，因此地价最高。随着土地位置离市中心的距离增加，由于运输成本较高，对土地的需求下降，造成偏远的地区租金便宜，地价也随之下降。之后，霍伊特（Hoyt，1939）提出了扇形模式，他强调了城市中心区位的重要性，但他不认为城市地价和区位之间呈现简单的同心圆关系，也就是高价区不一定位于市中心，而是呈扇状，即高地价区出现在一两个区位内，向外呈扩展式发展。在一方或一定扇形面范围内从核心的中心部向外扩展出了一些低地价地区，这些区位的地价与离市中心的远近没有关系。哈里斯和乌尔曼（Harris & Ullman，1945）提出了多核心模式，认为在城市中，除了中央商务区为中心区位外，还存在具有一定辐射范围的实力略差的中心。在这种情况下，由于存在副中心区位的分散化，城市的土地价格不会呈单调的变化趋势，而是表现为土地价格从中心到外围出现多次起伏，存在几个峰值区。1965 年，C. J. 梅尔（C. J. Mayer）综合了上述研究，认为单中心城市土地价格属于"火山岛"模型，即土地价格从城市中心向外围按照一定的规则递增；多中心城市土地价格属于群山模型，按照城市中心和次中心的分布情况，土地价格呈震荡状变化。

莫塔兹·哈德（Murtaza Haidr）和埃瑞克·J. 米勒（Eric J. Miller）对辛辛那提市的交易数据进行实证研究，通过基础特征价格模型得出了城市中心、交通、邻里等区位因素对城市居住用地价格具有决定性影响的结论。他们认为居住用地价格与其到市中心、地铁和区域购物中心的距离成反比，但过于接近区域购物中心价格反而会有所下降；居住用地到公交、地铁、轻轨的距离与土地价格成正比，但是距离过近不一定价格最高；而工厂对城镇土地价格的影响复杂，工厂污染邻近社区，也促使上下班方便，形成地方中心。

许多学者研究了具体某一方面的区位因素对土地价格的影响，主要集中在交通因素、学校和公共基础设施方面。戴维·R. 鲍斯（David R. Bowes）和基思·R. 伊兰菲尔德（Keith R. Ihlanfeldt）通过对加拿大多伦多地区 1997～1998 年城市轨道交通系统附近 235 个居住地交易数据的研究，认为城市轨道交通系统和居住用地的土地价格存在着同向变动关系，即因为城市轨道交通系统提高了居民生活的便捷度，所以住宅类地块距离城市地铁等轨道交通系统越近，相关地块价格就越高。二者进一步指出，距离城市地铁轨道系统 500 米是一个距离线，距离地铁 500 米之内的土地供应价格要比不靠近地铁的土地价格每公顷高 4000 多美元。然而，由于可能引发交通和环境污染、安全性低等负面作用，在 500 米范围内的土地，距离城市地铁轨道系统近的居住用地，其价格有轻微的反向价格梯度。

兰迪斯（Landis，1994）关注的主要是区位交通因素中的汽车等对城市土地价格影响。兰迪斯（1994）通过对美国加利福尼亚州公路系统数据的实证研究指出，公路对城镇土地价格的影响是双向的。一方面，靠近公路的可通达性提高了城市的土地价格；另一方面，公路产生的空气污染以及噪声等又会使邻近的城市土地价格下降，土地价格的降幅为 5% ~ 10%。

沃尔登（1990）研究了学校与土地价格的关系，通过对 1988 年美国新泽西州地区土地和房屋交易数据的实证研究发现，学校教育水平的高低和城市土地价格呈正相关关系。人们都会希望去教育水平高的学校，并且学校的存在会带来较好的治安和人文环境。通常情况下，位于学校教育水平较好区位的城市土地价格较高，反之则较低，因学校教育水平差别所造成的城市土地价格升降幅度大约为 6.4%。德斯·罗奇尔斯（Des Rosiers）、R. 斯帕尔（R. Sirpal）等人考察了公共设施因素与城市土地价格的关系。

第四，政府规划决定地价理论。

西方经济学者格林（Green，1999）研究了政府土地利用规制对城市土地价格的影响。他认为，土地利用规制限制土地供应通常情况下会造成土地价格上升。卢帕森哈等（Rupasingha et al.，2001）从微观经济学的角度，通过对政府关于建筑物高度限制、功能区划限制、土地供应总量控制、城市规划控制等政策的分析认为，这些国家控制计划限制了住房和土地的市场供给量，从而引起了土地供给曲线的左移，同时因为这些政策促进了土地的合理利用，从而使得需求增加引起土地需求曲线向右移动。在两者的共同作用下，城市土地的市场价格逐渐有所提高。

第五，房价决定地价理论。

有的学者从房价影响地价的角度提出地价理论。房价与地价是几乎同一件事情的两端，同升同降，二者必然存在相互影响的内在联系。W. S. 格里格森认为，房屋建筑物价格决定土地价格，而不是相反，因为建筑商愿意在土地上的投入主要取决于其对地面上房屋建筑物可能的销售价格的估计。W. S. 格里格森的观点得到了许多经济学家和实业家的支持。蒙克和怀特黑德（Monk & Whitehead，1999）则认为房价不能完全决定地价，并通过对英国住宅房价和地价的实证研究证明二者是相互影响的。蒙克和怀特黑德的研究开启了从房价和地价关系层面对土地价格的理论研究。

2.2.3.2　土地价格的影响因素

（1）土地使用制度及土地政策因素。

我国城镇土地都由政府作为国家所有权的代表，即城镇土地国有制。任何单位和个人想要使用城镇土地都要向政府提出申请，获得土地的使用权。在1978年改革开放以前，土地使用实行的是无偿划拨方式，可以认为没有土地市场。无偿的土地使用制度造成国家对城市的所有权在经济上无法实现，供求长期不均衡，阻碍了土地价值的发挥，土地利用效率低。1988年《中华人民共和国中外合资经营企业法》规定开始对中外合营企业使用城市土地收费，开启了城市土地有偿使用，并逐步完善土地市场。通过立法对国家土地使用权的出让、出租、转让、抵押、终止等问题进行了说明和规定。2007年国家对协议出让土地的类型进行了严格规定，城镇国有土地采用招标、拍卖和挂牌方式对外进行出让，土地使用权的有偿转让更加公开公正，接近市场化。因此，可认为我国城市土地价格基本是在市场机制下，供需双方共同作用下的结果。

（2）城市规划。

城市规划是政府调控土地市场的重要手段。土地利用具有很强的外部性和长久性，单靠市场机制很难解决，所以需要政府通过强制制定土地利用的方向和各项指标。城市规划体系包括规划纲要、总体规划、分区规划和详细规划等。规划纲要和总体规划通过对城市自然特征、规模、功能、空间结构等的强制规定，限定了城市土地的基本等级方向，直接影响了土地的地价水平。分区规划是在总体规划的基础上对局部片区土地利用、人口分布、公共基础设施配置等进行进一步安排，通过控制性规划，调节土地的开发强度进而影响地价。

（3）不同用地类型土地价格的影响因素不同。

在公开市场上交易的城镇土地用地类型主要有商业用地、工业用地和居住用地三种类型。三类土地价格存在共同的影响因素，如人口密度、政策因素、容积率、房地产投资等；同时，不同影响因素对三类地价的影响也有程度上的差别。影响居住用地土地价格的主要因素主要是生活类公共基础设施和居住环境等。因此，在综合土地开发项目中，地块规划是否有必需的商业场所、学校、医院、容积率、道路交通等都会影响土地在使用中能够提供的价值，从而影响供求关系，进而影响土地价格。地块周边人口密度如何、自然环境的优劣、城市风貌和文化习俗等都会影响居住用地的土地价格。影响商业用地价格的因素除了有交通道路、医院、人口密度等的影响，还有商业集聚程度等因素，由于商业用地是以商业经营活动为最终目的，因此对区位的要求高。越是在人口密集的繁华地段，商业用地的价格越高，反之越低。工业用地大多数规划在城市的郊区地带，工业用地的价格受基础设施的完善程度、人口密度、交通条件等的影响。

2.3　土地资本与土地价值理论

土地构成具有"二元性"，即土地物质和土地资本。土地构成的"二元性"决定了土地价值的"二元性"，即土地物质价值和土地资本价值。土地价值"二元论"认为经人类开发的土地由土地物质和土地资本两部分组成，分别体现了土地的自然资源属性和资本属性。土地作为物质资源有多种功能，能够提供物产、净化环境等，是天然具有的特性，不是由劳动创造的，具有使用价值，但不具有劳动创造的价值。土地资本是由人类在使用土地的过程中，不断投入劳动和资金对土地进行改良，以土地物质为载体将价值储存起来而形成的。土地可以给持有者带来地租收益，并在生产和流通环节产生增值，因此土地在人类社会中是一种资本。

影响土地的纯自然资源属性所产生的价值主要因素有：土壤的肥沃程度、与山川河流的相对位置、水资源状况、生态环境、矿藏、地形地貌及气候状况等。随着人们改造自然能力的提高及生活方式的改变，城市土地自然资源属性所带来的影响被弱化。一方面，人们对城市土地进行了改造，一些人们所需的基本条件如水资源、生态环境、山川河流的景观等都根据实际需要进行改造，使其符合城市需要；另一方面，城市居民对城市功能的要求不断变化，一些自然地理区位的重要性下降，人们更重视人类改造后的经济地理区位特征。我国实行的"南水北调""三峡工程"等都是对自然地理区位的水资源进行改造。城市生态环境也早已不再与其原始风貌有关，而是与人类的活动密切相关。城市居民不再看重土地是否肥沃或者地势是否平坦，而是优先考虑居住区附近是否有配套的商业、教育、医疗等设施。城市土地利用的基本土地自然属性是为人类提供活动空间的承载属性，也是几乎所有陆地所具有的，差别最小的属性。如果只考虑承载能力，土地的供给可调节有一定弹性，异质性特征也会减弱。根据经济学，在市场经济条件下，土地供给和土地需求共同决定土地价格，土地价格体现了土地价值，现代城市土地价格中因土地自然属性所产生的价值所占比重会越来越小，甚至可以忽略不计。因此，城市土地价值包含土地物质价值和土地资本价值，其中土地资本价值是具有决定性作用的部分。因土地所有权而享有的以土地物质为基础的收益与对土地物质的供求关系有关，并体现了对土地物质的垄断权，由绝对地租和垄断地租体现，而城市土地更多地体现它的承载功能。

城市土地凝结了人类劳动，是不断的劳动及资本投入积累的结果，所以具有价值。随着人们生活方式的改变和改造自然能力的提高，对城市的要求更多是其经济功能和社会功能。大多数城市土地原有的自然风貌和自然地理区位对人们的活动影响较小，人们更看重的是人类劳动对城市改造的结果。土地资本价值表现为将价值量凝结在人类劳动之中，以平均社会必要劳动时间来进行计量。土地资本价值具有持续性和积累性，但是并不意味着不断积累就一定会只增不减（王德起，2009）。土地利用具有较强的外部性，大型土地固定资产的效益具有扩散性，受其影响的临近土地会产生价值改变。衡量某地块土地价值时，应考虑到对周边地块产生的价值影响，将这些价值影响考虑进来才是某地块的土地价值。土地上房屋建筑物等附着物同样具有外部性，其效益具有扩散性，对所在土地价值及相邻地块的价值都会产生正的或负的影响，但土地附着物的价值并不会扩散到附近的土地上，只会成为该土地资本价值的组成部分。土地资本价值可以用级差地租来体现，人类劳动产生了级差地租 II，其在土地租约期满或转卖时转化为级差地租 I。

随着时间的推移，土地的自然资源部分和资本部分的价值都会发生改变，在多数情况下会产生价值增值，某些情况下也会贬值。

城市土地资本增值的主要来源有以下几个：

一是土地的自然增值。随着土地利用时间的推移，时间价值凝结于土地之上。时间价值产生的原因在于某个区域范围内可利用的土地总面积一定，相对具有区位优势的土地更为有限。随着社会经济的发展，人们对城市土地的需求有增无减，土地产生自然增值。对土地的需求增加源自：①城市人口数量不一定在每个时期都增加，但是目前为止全球总人口数不断增加。每个人对空间的需求是无限膨胀的，从而造成人地矛盾越来越尖锐。随着社会的进步，人类活动范围扩大，衍生出多样化的需求，这就需要拓展城市空间，通过承载更多的功能和工商业活动来满足新的需求。但是城市建筑设施寿命较长，不可能随时满足人们瞬息变化的需求。已经存在的土地利用规划很难改变，土地及附属物的特殊性使空间改扩建成本非常高。因此，最好的办法是在城市内部空间不能满足日益增长的需求时，向城市外围寻求空间，这就增加了对城市用地的需求。②城市土地的主要功能是承载，如果合理利用，土地承载功能不仅不会折旧或灭失，而且还会随时间推移而增值。时间价值增值表现在购买土地时所花费资本的利息补偿，作为价值储存于土地之上，在土地再次转让时体现在土地价格上。

二是城市土地开发利用过程产生的土地资本增值。一宗城市土地在开发利用过程中凝结了人类劳动，储存了投入资本，因而转化为土地资本。增值的途径来源于：①不同用途的土地规划。因为土地利用具有稀缺性、外部性和长久性等特点，几乎世界上所有地区都会对土地和城市进行规划。城市土地规划参考土地自然属性，人为地设定某些土地的用途和利用强度，使不同的生产力与土地结合，表现为不同的投资产生了不同的生产率，生产率不同的土地所能带来的收益不同，从而影响到土地价值。当土地用途发生改变时，如从农业用地转为非农业用地，从工业用地转为商业用地时，土地就会产生增值（周诚，1994）。②对土地进行直接或间接投资所形成的劳动价值增加。直接投资国家或者其他主体是对土地进行"七通一平"等的开发或者兴建建筑物。土地之上的建筑物价值不能列为土地价值，但是这些建筑物的存在会对土地的利用产生影响，进而促使土地增值。另外，由于存在外部性和土地投资的辐射效应（邻里效应），对某块土地的投资会产生价值外溢，使周边土地价值增值，甚至会因为溢出效应和集聚效应改变周边地块的用途进而带来增值。土地规划尽可能消减土地的负的外部性，增加正的外部性，并通过政府基础设施的投入增加原有土地可提供的功能，从而带来增值。土地资本价值并非投入土地的资本和劳动的简单量的叠加，还有某种集聚效应在发挥作用，与其周围一定区域的土地价值凝聚在一起共同形成土地资本（王万茂，1993）。土地资本体现了集聚效应，厂商和人们集聚的动力来自集聚效应，根据城市经济学的研究，集聚效应包括城市化效应和地方化效应。城市化和地方化究其实质，其实是固化于土地之上，是与土地不可分割的力量，而这种力量可以认为是土地资本的一部分。但是，土地资本的存在并不一定会带来集聚效应，厂商和个人会因为外部规模经济的存在而选择集聚，其构成了效用的一部分。

2.4 本 章 小 结

本章通过梳理土地资本、地租地价及土地价值等概念及相互关系，解析土地资本的构成。土地资本强调土地在流转中使产权人获得收益和保值增值的特点，是土地的天然属性。土地资本指的是具有实用价值和投资价值的土地物质的综合体，而非投入土地上的资本或对土地的投资。土地资本由土地物质价值和土地资本价值构成，土地物质价值由土地天然具有的自然力带来，土地资本价值由人类劳动投入转化。土地资本具有累积性特点，因此会在使用过程中产生增值及空间集聚的现象。土地资本受经济、社会及生态等多方面因素影响，由投入土地之上的生产要素、区位价值及资本溢价等共同转化形成。

土地价格是资本化的地租，也是土地资本的外在表现，可用来表征土地资本的大小。不同用地类型的土地处于不同市场之中，虽然不同类的土地之间有一定的替代性和参考性，但是不同类型的土地价格和土地资本可比性较差，须区别分析。地租地价理论的研究为土地资本理论提供了基础，主要为马克思地租地价理论和西方经济学地租地价理论。马克思地租地价理论是从产权实现的角度进行分析，指出土地价格是资本化的地租，是土地资本在市场上的表现形式，也是本书的出发点。西方经济学地租地价理论是从供求关系及土地收益的角度展开研究，明确指出供求关系、土地收益、区位、政府规划及房地产价格等都会影响土地价格。西方经济学地租地价理论为研究提供了土地资本在现实中体现的思路和方法。

第3章 城市群空间结构的优化动力及目标

3.1 城市群空间结构理论基础

3.1.1 空间自组织效应理论

20 世纪 20 年代，生物学家冯·贝塔朗菲（V. Bertalanffy）提出生物界是一个系统的有机整体，并且在其他领域也存在着类似的有机系统，从而创立"一般系统论"。20 世纪 60 年代，普里高津（Ilya Prigogine）意识到在某种有限的区域里，一个系统是能够自发形成完整而连续的复杂结构的。自组织的产生来自系统的自我强化，在一定条件下，微小的时间可以扩大发展。自我组织的结构在自然界普遍存在，空间自组织效应是其中一种。空间自组织效应理论是指在城市空间演化过程中，空间结构自身可以进行一定程度的自我调节，使结构内部在某种范围内达到平衡。一旦有外部力量干预，守恒将被打破，在空间自组织力量的调节下，原有的空间结构将在新的空间系统中达到均衡。城市群空间关系中存在自组织行为，如集聚与扩散、增长与演化等。著名经济地理学家克鲁格曼（Krugman，1996）在《自组织经济》一书中提出"多中心城市空间自组织模型"。该模型以"跑道经济体系"为假设前提，应用计算机进行检验，以对厂商之间的向心力和离心力分析为基础，阐述了市场机制作用下的经济空间格局内在机理，成为城市空间结构分析中重要的理论模型。

3.1.2 衍生需求理论

衍生需求理论模型主要用来讨论土地价格在城市间的差异问题。穆特（Muth，1971）提出一个模型，证明了土地价格在城市间的差异与土地单价、居民的收入水平以及相关成本有关系。威特（Witte，1975）利用衍生需求理论论证了大都市统计区内，城市之间土地价格的形成。他使用一个较为成熟的模型论证了土地价格是由供求双方的力量制衡、城市生活状态、通货膨胀、居民收入水平、土地用途管制、城市化水平等决定的。

3.1.3 城市位序理论

城市位序理论是从引力模型理论发展而来的，等级钟理论是在城市位序理论上的扩展。由马克·杰斐逊（M. Jefferson）提出的城市规模分布的法则，发现首位城市与第二城市存在规模上的巨大差异，并且随着城市等级的不同，城市规模呈现出有规律的变化。后来经齐夫等人结合区位熵和万有引力定律，将理论发展成为估算城市经济规模和联系的方法。巴蒂（M. Batty）在 2006 年对城市位序理论进行深化，提出等级钟理论并进行了实证研究，通过等级钟来判断城市位序随时间变化的规律。

3.1.4 极化效应理论

极化效应的前提是在区域范围内先形成增长极，具备引领产业和空间集聚能力，进而对周边地区产生向心力，吸引要素流入并促进其发展，在增长极综合能力提升到一定阶段后，反过来对周边地区产生辐射力，带动相关区域的协调发展。佩鲁（Perroux，1955）率先提出了产业极化的概念，1966 年美国学者弗里德曼（Friedman，1966）讨论了极化理论在空间组织上的表现，提出了核心—边缘理论，他认为任何区域都是由多个中心地区和边缘地区组成的，中心地区往往是多个城镇的组合。核心—边缘理论主要探讨了城市中心与边缘的空间经济关系，认为随着工业的发展，在集聚和扩散效应下，地区的发展会产生不平衡，中心地区往往具有更大的吸引力，成为空间中的一极（Friedman，1966）。

弗农（Vernon，1966）分析了区域经济极化发展的梯度推移理论。威廉姆森（Williamson，1965）提出了倒"U"型假说，认为区域经济差距由扩大到缩小是区域经济发展过程中的必然现象，在经济欠发达的时点上，区域经济不均衡程度较低；在经济发展的初期阶段，区域差异逐渐扩大；当经济发展进入成熟阶段，区域统一市场形成，发达地区投资收益递减，资本等生产要素向欠发达地区回流，区域差距趋于缩小。

3.2 城市群空间结构网络的形态要素

3.2.1 节和点

城市群空间结构的网络形态由节和点、轴和线、面和流组成。大多数的研究都把城市群中的城镇视为节点，但节和点各有侧重，应分开来看。作为节和点的城镇都是城市群空间最重要的组成部分，是城市群功能发挥区。节是重要的连接点，在城市群网络中起到引领作用，一般是中心城市或重要的交通枢纽，处于产业链的上游，主要进行技术信息的输出。点是各成员城镇，在城市群中处于产业链的下游，处于从属地位，配合整个城市群的发展方向。虽然城镇的出现有先后，但是当某一区域可以看作是一个整体，进而发展成为城市群时，这一区域范围内的城镇几乎都已经出现，松散排布在城市群中，相互之间有交通线，但是交通条件和运输量不大。随着城市群的进一步发展，城市化加剧，不仅节的影响范围变大，而且点的规模也扩大，节点之间联系紧密，产业分工更加明晰，因而此时城市群中的节点在空间上表现得密而紧凑。

3.2.2 轴和线

"点—轴"发展模式是很多专家都认可的城市群发展规律。中心城市和小城镇有机会同时出现在城市群中，只是最初的规模和功能有所不同。中心城市先发展起来，之后沿交通线扩张，与城市群中的邻近城镇建立网络关系，这些交通线是城镇向外扩展的轴线。轴一般认为是区域范围内最主要的 1~2 条交通干线，而线是构成整个城市群交通网络的支路和辅助设施。伴随科技水平的不断提高，交通方式发生变化。城市形成初期，马车、船运是主要交通工具，并且可供使用的道路和河流并不多，城市一般沿较宽阔的马路和河道扩展。路网汇集地和码头就成为这一片区城镇最密集的区域。公路和铁路运输方式成为主流交通方式后，最先修建的国道、高速路及铁路线都成为城市群中最重要的交通干线，也成为城市群空间结构的主轴。主轴的形成是一个漫长的过程，是原有交通设施与现有交通设施共同竞争的结果。由于城镇会率先在原有的交通干线两侧发展起来，新的交通线在修建的时候必然会考虑到贯穿这些最先发展起来的城镇，因此从表面上看主轴线一直延续原有的空间结构格局。

3.2.3 面和流

轴和线穿起节和点，将整个城市群空间交织成一个庞大的网状体系。物质流、信息流、人口流、资金流等不断在这个网络中进行物质能量的传递，影响深入整个城市群的城市和乡村。城市流是一种抽象的概念，但生动地表现了城市群内部联系的动态感。正因这些流的存在，城市群才形成一个有机的整体，将网络体系向内填充为一个面。流的交换速度和流量体现了城市群的经济活力，面的大小体现了城市群的规模和影响范围。

3.3 城市群空间结构的演化路径

3.3.1 分散网络结构

城市群初步形成时期的结构是分散网络结构。在这一时期，城市群中的成员城市因地理位置或行政邻接等原因，产生有别于其他区域的密切联系。由于初期联系动力主要来自外界强制力，城市之间联系并不紧密，产业交流和分工也并不明确，网络节点之间差异不大，未形成明显的优势城市。

城市群空间结构的演变是与生产力水平紧密相关的。马克思的劳动价值论认为劳动创造价值，并且可以用有效劳动时间来衡量创造价值的多少。同样，在城市中的人们也对某项活动应该占用的时间有衡量依据。能否在某一时间段内完成某项活动是人类活动选择的标准之一，所以耗时长短是大多数人活动的取舍标准。从步行到火车，从手工到机械，从面对面的喊话到互联网时代，这些不仅改变了人们的工作生活方式，也改变了活动时间和空间，进而影响着城市群空间结构。

城镇最初是由集市发展起来的，受自然地理区位的影响，城市分布不均匀，主要分布在自然地理条件优越的地方及重要的交通枢纽。在自给自足的农业经济时代，大部分土地都是农业地带，基本无产业链，城镇主要与周边农村地区联系，城镇与城镇之间联系较少，城镇功能单一。城镇之间的分工合作以职能分工为主，如都城、防御、驿站、码头、矿场等。自然地理和人类的活动范围限制了城镇的位置、规模和城镇之间的联系。这个时期，人类的活动以步行和马车为主，人口、物质、信息交换效率低，时间成本高，远距离交流以书信为主。在分散结构状态下，城市与距离其较近的城镇保持较密切的联系。城市功能较多，如都城、码头等，由于人口流动性较大，商业活动较发达，对周边地区产生了一定影响，但辐射面受当时的交通条件限制。距离较远的城市之间往往通过设置驿镇保持联系。这种方式有效地节约了交通和信息传递的时间，从而使城市保持较密切的往来关系。一般情况下，这种城市关系仍是在距离较近的城市之间发生，等级体系不明显，没有形成严密的网络体系，交流沿着主要交通要道进行，是离散型的空间结构格局。将城市群空间结构的构成要素分为节点、线、面、网络，分别代表着城镇、交通线、作用场和空间流。如图 3-1 所示，A 表示城市，B 表示城镇、开发区或卫星城，C 表示次级市镇，阴影区表示辐射范围，箭头表示相互之间的联系。在不同的演化阶段，城市群空间结构要素的组成结构是不同的。

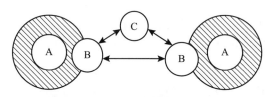

图 3-1　分散结构

3.3.2　组团网络结构

18世纪工业革命以后，交通通信方式带来质的改变，铁路、公路、电报、电话等改变着人们的出行方式和沟通方式，城市的规模、辐射范围相应扩大，不同规模类型的城市出现，城市之间的联系越来越紧密，如图3-2所示。围绕原有的城市，沿着交通干线，一些新的市镇设立或在原有规模的基础上扩张，分担了部分城市功能，出现了初步的产业分工和城市体系，城市群空间结构呈现出地域分布紧密但体系尚未明确的状态。此时，城市群空间结构网络出现了优势城市，开始对周边地区产生影响。每个优势城市周围都围绕着若干中小城镇形成组团，不同组团共同形成城市群。城市群的中小城镇之间交流较少，组团内部交流较多。优势城市常代表组团与外界产生联系，但对组团内的城市引领作用不大。

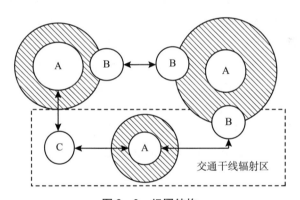

图3-2　组团结构

在这个阶段，开始出现较大规模的城镇，并以大城镇为中心，辐射影响周边市镇，逐步形成组团模式的片状城市聚集区。工业化初期引发城市化，大量农民进入城市成为产业工人，城市功能随之多样化。一些具有专业功能的新城出现，由于功能较为单一，新城与邻近的城市形成组团结构，保持经济、人口和行政上等的密切往来关系。在集聚效应推动下，大城市规模急剧扩大，并在自我循环机制下继续发展。在这一时期，自然资源和交通便捷的区域逐步形成了城市密集区，城市分布由分散转为集中，城市之间交流频繁并进行了初步的产业分工。但是城市间分工并不明确，各个城市仍保留着几乎全产业链的功能，主要满足城市自身及周边区域的需要。城镇的体系结构以行政区划为基础，上下级纵向联系较多，横向联系较少，交流处于自发状态，城镇空间布局缺乏长远规划。

3.3.3 层级体系结构

工业化中时期，现代化制造技术和信息技术的发展，大大提高了生产效率。在政府的倡导和支持下，各种路网的快速建设使得交通更加便捷，物流业日趋发达。信息技术提高了交流效率，加强了城市联系的设施条件，使城市之间跨越地域距离的障碍，能够进行即时交流。与之相适应的是，现代化制造要求更高的生产效率，因此对细化分工有了迫切的需要。在城市之间也进行了产业分工，增强了规模效益。中小城镇快速发展，城市群因此也逐步形成层级体系。以原有的行政区体系和自然资源条件为基础，大城市及中小城市各具优势。大规模城市的土地成本高，其优势体现在附加值高，离市场近等方面。依据不同城市的优势，在市场机制的作用下，大城市主要保留了占地面积小，技术要求高的高端产业或精细工业等，把一些高占地、高污染、高能耗等部门生产集中到中小城市。具有一定分工合作的城市以某一个或两个核心城市为中心，形成一个有机整体，在经济、社会、文化等多方面进行融合交流，城市群初具规模。在这个过程中，同一城市等级体系内上下级的城市联系较多，地域相邻的同级别城镇之间联系较多，非相邻城镇更倾向于与上级城市联系（见图 3-3）。

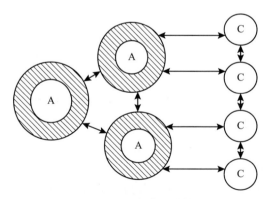

图 3-3　层级体系结构

3.3.4　多中心网络结构

工业化后期，城市群经过多年的发展，城市之间展开全方位交流与合作。从零配件的生产到知识技术的输出，从人才的流动到文化的融合，无不体现出城市群的整体特点和辐射作用。深化的分工合作使城市之间的依存度更高，不仅大城市对小城市有辐射及引力作用，小城市也成为大城市发展中不可或缺的伙伴。多种类型交通方式交织连接，城市节点不断膨胀扩大，城市向多中心发展，城市群中的重要节点城市也快速崛起成为次中心，形成纵横交织的多中心网络空间结构模式（见图3-4）。城镇化带来的弊端显现，许多城市面临发展瓶颈，城市核心区域高地价和不断膨胀的市区消减了城市的集聚效应，分散会逐渐成为新的趋势。这种分散是从大城市分散出去部分人口和功能，而在次中心或中小城镇重新聚集。在通信技术和交通技术的推动下，信息传输和物流加快，各城镇之间联系方便，城市群一体化明显。

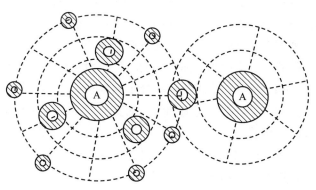

图3-4　多中心网络结构

在城市群空间结构由分散向多层级、多中心的网络体系演变过程中，土地自然条件和人类社会经济活动起到关键作用。在市场机制的调节下，资本的趋利性促使人们选择更有利于资本增值的地点从事社会经济活动，因此土地资本高的地块往往成为人们活动优选的地带。

3.4 城市群空间结构优化的动力机制

3.4.1 空间集聚力和分散力

空间集聚是指要素和经济活动在空间上集中的趋势和过程；空间分散是要素和经济活动等在空间上相排斥而彼此远离的趋势和过程。在城市空间变化过程中，始终同时存在集聚效应和分散效应两个力量，两个力量制衡的结果是城市在空间上的表现。例如，城市化和地方化是集聚效应大于分散效应的结果；郊区化和逆城市化是分散效应大于集聚效应的表现。在城市群空间结构的形成过程中，一直都存在空间集聚效应和空间分散效应。空间集聚效应使城市群形成，并促使城市群中的人口、要素、资源等流向核心城市，成员城市在空间上和经济上向核心城市靠拢。空间分散效应是由于核心城市空间条件的限制，以及过分的拥挤造成高土地成本和时间成本，促使人口、要素和资源向非核心城市分散，成员城市力图摆脱城市群整体发展的束缚，寻求独立发展的契机。城市群空间的发展方向是空间集聚和空间分散制衡的结果。

城市是随着生产力的提高而出现的。生产力的提高引发了人类社会的分工，孤立和分散的社会不再适应分工的要求。分工带来的规模经济需要充足的劳动力、有效的沟通和便捷的交通，空间集聚无疑是一种很好的解决办法。随着现代技术的提高，沟通和交通方式发生了巨大的变化，改变了原有的空间集聚格局。同时，过度集聚造成的劳动力和土地价格的提高，以及拥挤和环境污染等问题，促使多中心城市、多核心城市群及分散经营逐渐出现。

在城市群发展中，资金流、人口流、产品流、技术流、信息流等多种要素的流动带动了城市的经济活力，这些流的流向体现了集聚力和分散力的强弱。在企业内部规模经济的作用下，企业规模扩大可以降低成本，抢占市场份额，所以就需要更多的技术工人围绕在周围，企业可以通过高工资、高回报吸引资金流、人口流、技术流等向企业周围聚集。人口的集聚带来的是企业所在地周边技术工人的增加、消费市场的扩大和信息技术交流的频繁等，从而吸引同类企业和上下游企业到此聚集，带来地方化经济和城市化经济，一个产业集聚中心逐渐形成。在范围经济的作用下，产业集聚中心吸引更多的外来要素，企业类型也更加多样化，企业间产生了横向和纵向的经济联系，形成具有一定影响范围的集聚区。集聚区范围一般在几平方公里到几十平方公里不等。集聚区内随着时间的推移，逐渐形成了成熟的基础设施，如交通、通信等，也形成了便捷的人才、信息和技术交流空间，集聚区的土地能够为集聚区的企业和个人带来额外收益，因此，更多的企业、个人、资金和要素涌入集聚区中心。随着人口和企业密度增大，集聚区中心的土地竞争异常激烈，土地价格逐渐升高；同时，企业和个人扩张的空间受到了极大约束，增加了拥挤成本和负的外部性，部分企业和个人开始向中心以外的地方寻求空间。内外部规模效应使得企业和个人都无法舍弃集聚的优势，因此中心用地扩张，规模扩大，形成"摊大饼"用地模式。但是中心的辐射作用随着距离增加而衰减，土地价格降低，能够带来的集聚效益也随之降低。扩张的结果是支付能力弱的企业和个人选择去集聚区外围，在合适的区位再次聚集，进而产生新的需求。外围地区因人口集聚而产生城市化效应，吸引工商业服务落户于外围，在这里会产生次级中心。如果次级中心难以满足企业和个人的需求，同时还要支付相对高的地价，那么一些次中心或集聚区外围的企业和个人会选择转移到其他具有某些方面优势且土地成本相对较低的次一级市镇。这些次级市镇往往位于临近上级市镇的位置或者二者之间的交通干线上。随着集聚效应的发挥，次级市镇的中心将会重复上级市镇空间集聚的过程，空间也会逐步扩张。这样的集聚—扩散—集聚的空间过程如波浪一样在城市群空间中时刻展开，促使城市群空间结构在集聚力和分散力的作用下不断改变（见图3-5）。在追求利益最大化的过程中，不同类型的企业和个人有不同的选择，有些在成立之初便选择城市群中的核心城市，在核心城市过分集聚产生规模不经济时疏散到外围或者拥有基础设施条件的次级市镇；有的则一开始就在次级市镇，后来随着企业发展的需要，集聚到核心城市或者分散到下级市镇。初始选址与空间的优劣没有关系，而是与企业特点和土地价格等有关。对于大多数个人和企业来说，核心城市必然能够比外围提供更多的服务，只是在考虑土地价格和用地面积时，企业和个人会根据投入产出率进行取舍。

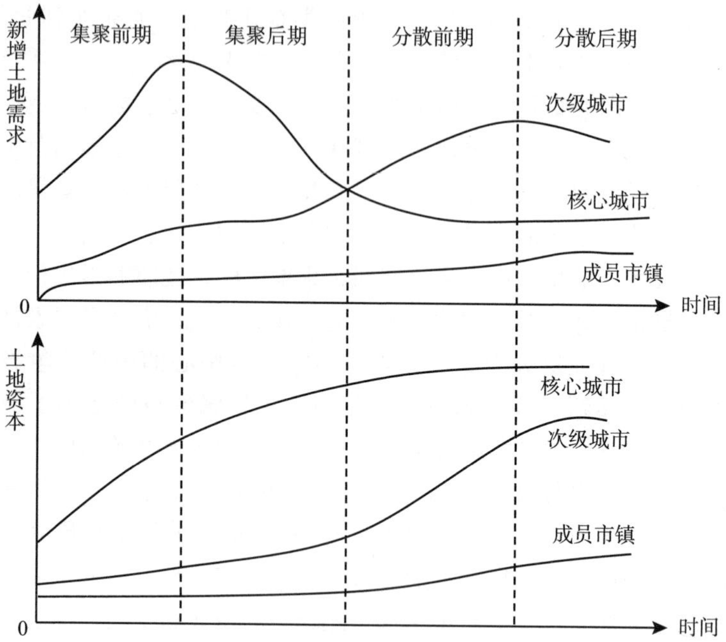

图 3 – 5　城市群中不同等级城镇土地资本变化趋势示意

　　根据城市群中核心城市、次级城市及成员市镇空间集聚和空间分散的规律绘制土地需求增长曲线（见图 3 – 2）。一般来说，城市在初期发展阶段表现为空间集聚，中后期变现为空间分散（谢守红，2002）。在核心城市初具规模优势时或者在城市化初期，属于该城市群的集聚前期阶段，对于核心城市土地的需求量比较大，需求增速较快，地价快速上升。核心城市增长极的极化作用很强，而分散作用相对较弱。此时核心城市开始发展次级中心或卫星城，但次中心刚刚形成，某些基础设施并不完善，吸引力不足，土地需求和地价上升平缓。由于城市群内尚未建立明确的产业分工，次级城市主要服务于本区域的需求，在与核心城市之间争夺资源时缺乏优势，因此在这个阶段发展较缓慢。集聚后期阶段，对核心城市中心土地的需求量仍然很大，但核心城市中心地区空间容量有限，现有的部分空间土地价格较高，部分企业和个人开始把视线投向土地价格略低、基础设施日趋完善、有较高土地资本潜力的次中心地区和卫星城地块。虽然次级中心和卫星城远离核心城市中心地带，但仍能享受到同城所带来的辐射效益。此时次级中心的土地需求开始增加，土地价格和土地资本也随之快速上涨。次级城市在这个阶段会波动上涨，上涨的幅度与次级城市的地方产业政策及交通等发展水平有关。交通条件好、具有地方特色的次级城市率先发展起来，土地需求增加，地价逐步上涨。分散前期阶段的表现是核心城市中心土地空间容量接近饱和，仅存拆迁改造的小面积地块，并且土地价格居高不下。由于城市中心土地供给不足，土地成本高昂，迫使大部分土地需求转而投向集聚效应逐渐发挥作用的次中心和次级城镇。在分散前期阶段，次级城镇在科技带动下依托便利的交通、信息等交通手段，发展其他城市的交流与分工，专业优势愈加突出，个别城镇形成产业集群式规模经济。此时次级城市进入集聚前期，在政府的推动下，基础配套设施日趋完善，人口密度增加，在人口结构上年轻人所占比重较高，规模经济基本形成，土地需求和土地价格上升很快。城市群边缘地区新极产生，这个过程是新的增长极极化作用的过程，也可以称为城市群"二次极化"的过程（顾朝林，2008）。分散后期核心城市地价仍然上涨，但上涨幅度较慢，大多数情况下仍是城市群中整体地价最贵的地方，但是土地需求涨幅较低。次级城市由于本身综合条件次于中心区，需求较容易达到饱和状态，此时产业规模和分工区域稳定，土地需求增长平稳，地价会继续上升，但涨幅放缓。城市群中的成员市镇土地价格经历了慢涨的平缓过程后，因次级城市的兴起，在产业化和信息化的带动下，区位优势上升，土地价格和需求也随之上升。

3.4.2　政府调控力

政府在社会经济运行中起主导作用。政府通过法律、政策、规划等手段引导着城市交通、教育、医疗、房地产等的布局和规模，减少城市可能产生的负的外部性，增加正的外部性，保证城市的可持续发展。我国大多数城市群规划是根据地理区位和行政区划形成的。在城市间产业分工尚未确立的时候，相互竞争又行政分割的城市很难形成一个整体，政府的引导和政策促进就起到重要的作用。城市群的形成和发展离不开国家的规划和政策支持，因此政府调控力是我国城市群形成和发展的重要动力。我国政府明确提出了以城市群为重点发展区域的战略。在政府的支持下，各大城市群通过建立密集的交通网络和基础设施共享，有力地促进了城市群的融合。如北京建立京津冀统一的通信和交通服务，山东济南建立与周边城镇的快速交通线等，极大促进了地区交流。国家利用城市群规划，将资源互补的城市划入统一城市群中协同发展，消除城市群可能存在的经济"短板"，形成资源要素完备的单元和完整的产业链，有利于形成富有竞争力的主体。

3.4.3 自然环境驱动力

自然环境条件是由地形、地貌、水文、气候及资源等自然地理要素构成的，是城市群空间产生和发展的物质基础，直接影响了城市群空间结构形成和扩展的方向、速度和规模。在自然环境条件中，对城市群最重要的影响因素是自然地理区位和自然资源。许多学者对城市的产生进行了研究，有的认为其由自然资源禀赋决定，有的认为其由偶然因素决定。自然资源禀赋决定论认为，人类会自然地选择适宜繁衍生息、相对平坦的地区作为聚居区，这也是为什么世界各地的城市大多出现在丰饶的平原或盆地。偶然因素决定论认为，在自然条件相差不多的区域，城市究竟坐落于什么地点与偶然性有关。无论是哪种观点，都不可否认自然环境条件对城市布局的重要影响。城市群是多个城市的集合，优越的地理区位和丰富的资源对城市群的形成有重要影响。城市群作为一个整体发展，需要相对便捷的对内和对外交通，便于人流、物流、资金流和信息的集聚和分散。优越的地理区位条件有利于城市群内部基础设施的铺设和共享，以保证城市群内部形成紧凑、统一和连续的整体。从地理区位的角度来看，成员城市在地理位置上接近是城市群形成的必要前提。同时，城市群是一个复杂的组织，众多要素在其中集合，对资源要求也呈现多样化，所以拥有沿海港口城市是大多数城市群所具有的区位特点。内陆地区的城市群往往具有多样化的交通基础设施和枢纽城市。从自然资源条件来看，世界上发展较成熟的6大城市群及我国初具规模的城市群都位于中纬度地带，气候适宜。土地、矿产和水资源是城市群最重要的自然资源，决定着城市群的承载力、产业特点及持久性。城市之间无山川阻隔、便于交通是形成城市群的重要条件。矿产资源可以为城市群发展特色产业提供支持，能够在城市群中组成全产业链，也为工业活动提供低廉的原料和燃料，减少经济发展中的制约因素。水资源包括地下水资源和地表水资源,二者都是不可或缺的生产和生活条件。丰富的水资源可以带来便捷且成本较低的生活、生产和水路运输,水资源缺乏的地区很难发展成为经济核心。东部沿海地区城市群无不包含重要的港口,西部干旱地区的城市群也都紧紧围绕在河流两岸,如关中城市群在渭河两岸形成。我国的沿海地区虽然海洋资源丰富,但是淡水资源缺乏,因此我国的"南水北调"工程正是为缺水的京津冀城市群和山东半岛城市群注入"动力"。自然、政府、单位和个人的力量在空间集聚力和扩散力的作用下形成合力,共同改变城市群空间结构(见图3-6)。

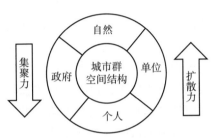

图3-6 城市群空间结构变化驱动力

3.5 城市群空间结构优化的目标

城市群空间结构优化是城市群空间结构更有利于经济社会可持续发展的演变过程,演变的结果是城市群空间结构能最大限度发挥城市及城市群的优势,更好地为要素在成员城市之间流动服务,资源在城市群中优化配置,同时为城市空间可持续利用留足空间,实现经济、社会和生态的和谐发展。城市群空间结构优化的具体目标包括以下四个方面。

3.5.1 人口空间结构合理

人是城市群中最基本也是最活跃的要素。城市群人口在不同级别城市中的数量和分布密度是城市群空间结构优化的目标。人口在空间上的集聚形成了城市,人口的数量、结构和密度体现了该城市的市场大小、经济水平及未来的发展前景。人具有流动性，同时由于人的需求是多方面的，并且生活状态选择趋向稳定，因此人的流动又具有黏性，只有当目前的生活状态远远低于其期望的水平时，或者预期改变后的状态远远高于当前状态时，人们才会选择更换工作、居住等地点。由于人具有个性，因此每个家庭的流动原因会不同，但最重要和最基本的原因往往是类似的。人口是否愿意在城市中迁移的主要原因是交通、教育、医疗和房价；人口是否愿意在同一城市群中的城市间迁移的主要原因是就业、教育、医疗、文化、人际、工资、房价、生态、落户政策等。在城市化初期，交通不便利，人们活动范围较窄，需求也比较简单，看重的是城市所能够提供的硬件设施。规模较小的城市可达性强，城市居民较容易获得城市的各项服务。随着城市化的深入和生活方式的改变，居民逐渐对生活产生更多样的需求。能够提供更多功能的大规模城市具有更高的吸引力，同样地，正因为大城市人口众多，产生了多样化的需求，并且具有更多的人才，所以才会提供多样化的产品和服务。这种自组织力量的作用必然会使大城市规模越来越大，但弊端也逐渐显露。找到人口空间承载的最优规模，将城市人口控制在合理的水平，使人口在不同级别城市之间合理分布，是城市及城市群空间结构优化的方向。

3.5.2 经济空间结构高效

城市群空间结构的变化是与社会经济的发展同步的。当城市群空间结构适应或超前于当时的社会生产力水平和发展需要时，将促进经济社会的发展，城市群空间结构的变化方式是优先集约利用现有城区的土地，根据实际需要理性扩展空间；当城市群空间结构不适合或限制社会生产力的发展时，城市群空间结构的调整方向是外延式的，城市空间向郊区拓展或者扩张城市群范围，但优势土地利用效率低。城镇与产业是双向选择的，市场经济条件下产业选址在适合其发展的城市。城市群经济空间布局主要指城市间产业分工与布局。核心城市人口多，土地集约利用程度高，适合占地少、利润率高、对信息和知识交流要求比较高的产业。因此，一般核心城市适合聚集产业链中的知识密集型高端产业，如对知识技能要求较高的信息技术产业、精细仪表产业等。人口集聚度低、土地集约利用度较低的城镇，承接一些相对粗放的劳动密集型产业。城市等级与产业梯度往往是匹配的，高端产业和新兴产业常常在技术发达、易于接受新事物的核心城市产生。随着需求的增加和市场拓展，高端产业和新兴产业的规模逐步扩大，成熟的技术容易被其他地区和企业模仿，重心逐渐转移到成本较低的次级市镇。在产业分工和转移过程中，城市群的存在能够在更大区域范围内进行各项活动的统筹布局和资源的高效利用，增强产业和空间的匹配度，能够最大限度地将污染集中在较小的范围内，通过减少设施的重复建设，降低不必要的土地浪费和能源耗散，提高城市群的整体经济效率。

3.5.3 土地利用结构集约

土地是人类赖以生存的稀缺资源，是城市群空间结构的基础和组成部分。由于改造大自然的能力非常有限，在生产能力和生产技术不发达的情况下，人类对土地价值的认识不足，对土地的开发利用基本采用粗放式，注重面积的扩张，使用无节制而维护不足。城市建设和工业污染对土地的影响在短时期内很难消除，且优化成本高昂。土地利用空间主要受自然条件、国家规划及经济地理区位的影响。由于土地利用的不可逆和城市土地利用的外部性，每个国家和地区在使用土地时都会进行规划。土地规划要尽可能地节约土地，保护耕地，维持生态平衡；最佳、最高化利用土地，实现优地优用，令有限的土地空间最大限度地发挥其功能。因此，国家土地规划要依据土地的自然地理区位和经济地理区位特征，构建最适宜的空间分布方式，使农业有足够的耕种空间，生存条件得以改善，居住、工业和商业功能集约利用土地，各项功能和谐共存，满足更多方面的需求，留足可持续发展的空间。

3.5.4 城际空间结构融合

城市群内部城市之间层级交流更加紧密，分工合理，信息、物质、人口交流顺畅是城市群空间结构优化的表现。城市群中各区域之间交通便捷，道路设计合理。从历史来看，城镇一般出现在交通枢纽位置或者交通干线的两侧，目的就是便于城市间的交流。现代社会城市群中路网发达，具备传输的硬件设施，但是往往因行政区划管理等原因阻碍了城市之间的进一步合作和交流。因此，良好的城市群空间结构包含合作共赢的一体化设计，有利于促进成员城市之间的全方位融合，为信息流、物质流和人口流等的流通扫除障碍，增强整体凝聚力。城市群以整体的状态对外交流，能够增强区域影响力和凝聚力，对外辐射力增强。

3.6 本章小结

城市群空间结构会产生自组织效应和极化效应，造成生产要素在空间上的分布不均衡，并通过土地资本在空间上的差别体现出来。城市群空间网络结构由成员城市、道路交通、城市等级划分、城市之间的交流等要素构成节点、轴线、面和流的空间网络形式。在集聚力与分散力、政府调控力及自然环境驱动力的影响下，城市群空间结构缓慢发生变化。在城市群不同的发展阶段，人们对城市空间的需求和要求都不同。城市群产生的初期，人们更倾向于向已开发成熟的高土地资本区域聚集。在城市群形成的中后期，人们根据空间需求不同，选择开发程度不同的区域活动。但是高土地资本必然是资本争夺的重点，只是在市场竞争中，根据资本回报率的设定选择可接受的区域也带动了城市群空间的优化分布。城市群空间结构的优化对区域的整体国民经济发展有重要的影响作用，体现在人口分布合理、生产要素和产品充分流动、城市高效沟通、土地集约利用等方面。

第4章 土地资本集聚与城市群空间结构优化的逻辑关系

4.1 土地资本集聚概念解析

土地资本集聚指的是土地资本具有在空间上集中分布并在流动中产生数量增加的特性。土地资本地块吸引生产要素在空间上聚集，在要素流动中，土地资本与其他类型资本结合产生土地资本增值。在市场经济条件下，生产要素在空间上倾向流入土地资本相对高的区域以期带来更高的投资回报。优质或优势匹配的生产要素与土地资本结合带来土地的高利用价值，促使土地资本自身价值提升。如此循环往复，土地资本价值越高，集聚力越强，对生产要素的吸引力越强，最终形成高土地资本地块利用效率高，低土地资本地块利用效率低的现象。

城市的高土地资本会形成吸引力推动城市化，促使人口和资金从农村流向城市。在同一城市中，人类活动所必需的设施越完善、自然环境越优良的区域，土地资本越高，并且高土地资本区域往往出现空间上集聚的特点。郊区土地由于累计投入较少，且地理位置远离人口密集区，往往交通成本高，各类设施不完善，可带来收益的功能单一，因此土地资本小。在城市群中，也存在土地资本在高级别城市集聚的现象，高级别城市的整体土地利用较其他城市成熟，平均土地资本较高。土地资本正是通过土地资本集聚对城市群空间结构产生影响的。土地资本集聚促使节点城市形成，高土地价格是该区域在城市群空间结构中所处位置具备规模效应的体现。

4.2 土地资本集聚成因分析

4.2.1 土地资本集聚的内在规律

将土地资本集聚进行阶段划分，可以分为积蓄阶段和转化阶段。任何一宗土地的存续期间会发生无数次的积蓄和转化，两次转化之间的时期称为积蓄阶段。积蓄阶段是土地资本在原有基础上接受劳动和资本投入，并将其转化为土地资本的一部分储存起来的阶段。在积蓄阶段，土地资本大小发生变化，可能增值，也可能贬值。这种变化随时间推移而逐渐发生，大多数情况下能够被人们预测或觉察。例如，一条道路的铺设，在铺设阶段对周边的影响不明显，但当部分人或企业预期到前景较好时，便提高了对该地块土地资本投资回报的预期；待到建成通车时，社会整体会感受到道路带来的城市生活改变，对周边地块的土地资本均有明显影响。土地资本积蓄阶段是土地积累能量、提升自我价值的阶段。当土地进入市场发生产权的转移时，土地资本进入转化阶段，土地资本的大小以土地价格的形式体现出来。在积蓄阶段，土地资本的增值在此时表现为土地价格的上涨，会给原有产权人带来土地增值收益。由于经济活动有许多环节，会存在一部分投入耗散，积蓄阶段时的投入仅部分转化为土地资本，但是土地价格绝对值不会因耗散的存在而降低。因为土地价格是土地资本投入市场中流转，由供求双方相互作用而形成的，其中会包含因供求关系引起的土地资本价格浮动，即土地投资功能引起的土地资本溢价。

土地资本在转化阶段实现的价值高低，最终取决于集聚阶段投入的数量（C_0）、投入转化为土地资本的比率（V）及供求调节系数（K）。

$$C = C_i + C_0 \cdot V + K \tag{4.1}$$

其中，C 为转化阶段土地资本；C_i 为上期转化阶段土地资本；K 为供求调节系数。土地资本存量—流量转换阶梯图如图 4-1 所示，其中 t_i（$i = 0, 1, 2, \cdots, n+1, n+2, \cdots$）为时间节点，即土地在市场上交易的价值转化时刻。在 t_n 到下一期 t_{n+1} 的过程中，土地的投入较大，仅一部分沉淀为土地资本；t_{n+1} 到 t_{n+2} 期间，同样存在土地资本增加的情况，并且是在上一期基础上的增加。

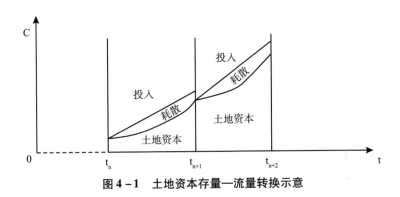

图 4 – 1　土地资本存量—流量转换示意

对土地的投入主体可以划分为政府、企业和个人，其中政府包括事业单位。假定政府进行的全部是非营利性投入，企业全部是营利性投入，个人是自用型、投资型或者租房型投入。自住型住户虽然不需要缴纳房租，但是也相当于损失了房租机会成本，因此假定所有的家庭和个人都要为住房支付房租。对于个人投资性购地（购房）行为，认定为个人消费，假定自住型住户的机会成本是其将地产出租的租金收入，所有的个人投资都将获得租金收入。

投入转化为土地资本的部分，也可以理解为除去必要产品成本和利润的价值剩余。政府对城市土地的投入可能以货币、土地及政策优惠的方式进行。政府以城市土地产权人的身份对城市土地进行开发，按照城市规划铺设基础设施并提供公共产品。由于中国几乎所有的公共基础设施都由政府主导或投资，使用年限较长，对人们的工作、生活影响巨大，因此政府对土地的投资是土地资本增值的重要原因，也是增值速度最快的原因。正因为如此，城市规划和土地规划对土地利用来说是非常重要的。土地的使用具有不可逆性而且开发成本较高，一旦建成则短时间内很难改变，如果改变将带来更高的社会经济成本。使用效率不高的商业建筑，不但社会经济效益不高，还给周边带来负的外部效应，影响交通和景观，使土地资本难以增值，效益得不到发挥；如果将其拆除，则拆除成本巨大，会带来建筑垃圾和较差的社会反响，负面效应较大。政府投资的长远规划，能够给土地资本带来更高的增值效应和正的外部效应。政府对土地投入的资金和政策有机会成本，也会产生管理成本，因此并非所有的投入都会转化为土地资本，但政府的投入与土地结合在一起便会带来原有土地资本的增值。

企业的投资以盈利为目的，以期获得投资回报。企业对土地资本的贡献在于产生地方化和城市化而带来集聚效应，增加所在地块的商业价值。同时，企业的存在和人口密度的增加也会使政府考虑配套的基础建设。个人投资于土地主要是以购买或租住房屋的形式。产权住户会更加维护房屋建筑物的内外部功能和周边环境，较好的环境条件促使对该地块的需求增加，因此有利于土地资本增值。而大多数非产权住户则对房屋建筑物的存续状态并不关心，对周边环境维护也缺乏关注，因此出租房屋容易带来负的外部性，造成土地资本贬值。

土地资本集聚是政府、企业和个人三方推动下的改变。对土地的利用存在梯度和积累，必然选择在原有土地的基础上进一步完善基础设施，也就产生了成熟地块设施更优、人口密度更大的现象。当社会出现技术革命或大的生活方式变革时，土地资本的增长方式都会在潜移默化中发生改变。城市在政府主导的规划下，通过政府投入对公共基础设施进行完善和变革，逐步改变交通出行、信息交流、娱乐教育等生活方式，带动企业和个人发生投资方向的改变，从而对土地资本带来改变。在土地资本的增值中，政府投资所占比重较高，投资金额也最大，是对土地资本集聚影响最大的行为主体。将土地资本构成来源分类细化如表4-1所示，体现了土地资本形成和增值的主要转化来源。增加土地资本正效应，尽量减少负效应，能够促进土地资本增值，提高土地利用效率和产出回报率。

表 4-1　　　　　　　　　　土地资本构成来源

主体	方式	投入内容	成本	产出	收益	转化原因	效应	
							正	负
政府	长远规划	资金土地政策	管理成本	社会效益	土地资本增值	直接投入	○	
			机会成本					
	更换规划	资金土地政策	管理成本	社会效益	土地资本增值	直接投入；土地增值	○	●
			机会成本					
			资源浪费					

续表

主体	方式	投入内容	成本	产出	收益	转化原因	效应 正	负
企业	长期经营	资金	生产资料	产品	利润	集聚效应	○	●
			地租			企业辐射影响		
			资金的机会成本			临时性公共设施投入		
	短期经营转让	资金土地	生产资料	产品	利润	集聚效应		●
			资金的机会成本		土地资本增值收益	企业辐射影响		
			租金机会成本			公共设施投入		
个人	自用	资金劳动	资金成本	生活资料	租金收益	集聚效应；买房比租房效率高	○	
	租房	劳动	养护成本		土地资本增值	正外部性	○	
			资金成本		个人收入			
			养护成本	生活资料	个人收入	集聚效应		●
			租金			负外部性		●
	投资	资金	资金成本	地产	租金收入			●
			养护成本		增值收益			

注：○表示正的外部性；●表示负的外部性。

根据现有的土地投资情况资料，在丹尼斯·迪帕斯奎尔和威廉·C.惠顿的房地产市场运作四象限模型上进行扩展，构建土地投资集聚规律四象限模型如图4-2所示。假设：①对土地的投入是连续均匀投入的；②在所有投资形式下投入和固定资产转化比例保持不变；③土地市场是完全竞争的市场，土地资本集聚能随时体现在土地价格上；④只考虑对城市土地投入不断增加的情况，投入减少的情况另行探讨。

第一象限是投资转化为土地固定资产的过程；第二象限是土地资本集聚过程；第三象限是土地资本变现过程；第四象限是土地作为生产要素的再投入过程。

影响土地资本集聚的投入有很多种，如公共基础设施建设、房地产开发、人口素质的提高等，但是从资金或劳动力的投入到投资结果与土地资本融为一体，成为土地资本的一部分需要一定时间。因为建筑物的

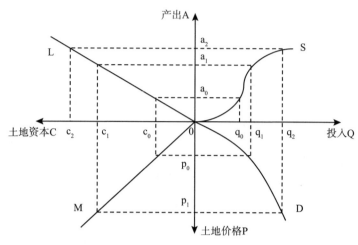

图 4 - 2　土地资本集聚过程示意

兴建和投入使用，人口的迁移等都需要较长的时期，往往前期投资很高，但在建成之前土地资本提升不大，人们不会对设施投入使用前的地块有准确的判断。在投资前期，投入是巨大的，但是仅少部分投资形成资产并与土地融合。在投资中期，资产价值已经开始显现，人口流动增加，资产规模逐渐形成。在投资后期，固定资产投资工作基本完成，等待人口逐步迁移形成规模，资产形成放缓。整个投资形成资产的过程呈现出 S 型曲线的形态，投资转换为土地资产的比率是先增加后减少的。这部分资产的价值检验须进入市场转化为土地资产，并且在市场中会产生一定的溢价，因此投资产生的资产与土地资本之间的转化比例小于1，表现在图线上是一条相对平坦的曲线 L（见图 4 - 2）。土地价格是土地资本的外在表现，第三象限是土地资本进入市场形成价格的转变过程。第四象限的曲线 D 表示，随着土地价格上涨，会有更多的投资人加入进来。假设投资前期的某一投资数量为 q_0，形成土地资产 a_0，对应的土地资本价值为 c_0，此时市场价格为 p_0，p_0 比之前没有投资时的土地价格有所上涨，在这种情况下，会刺激市场进一步投资，这时投资增加到 q_1，形成土地资产 a_1。虽然从 q_0 到 q_1 的变化幅度较小，但是土地资产有一个较大的增值，就是因为此处处于投资形成资产的快速时期。土地资产 a_1 转化为土地资本 c_1，对应价格 p_1，进一步刺激投资增加到 q_2，由于 $q_0 \sim q_1$ 阶段回报较高，投资增速较快。但此时进入投资后期，投资回报率下降，较少一部分投资转化为土地资产 a_2。整个过程中随着投资的增加，土地资本持续增加，同时吸引到更多的生产要素聚集，土地集聚效应显现。

4.2.2　土地资本集聚的外在因素

（1）用途改变。

当土地的用途发生变更时，因不同用途的地块的功能不同、吸引投资和盈利能力不同，所以就会产生土地资本的增值，如大型国有企业迁离市区后，原址工业用地变为商业或居住用地后土地价格升高，显示出其实用价值和投资价值的提升。城市中由于企事业单位的迁移，一些原来规划的土地用途就会发生改变，如一些工厂迁址到城市外围，原地址转变为商业或居住用地，此时土地资本就会得到提升，价值也会增加。增值原因是随着时间的推移，原有的土地用途不再是土地最佳的利用方式，土地资本不能发挥应有的功能，其价值被低估，多年自身价值沉淀和周边地块的溢出效应是土地资本积累的过程，当用途转换后，市场交易将流量土地资本变为存量土地资本，土地价格体现当前土地资本，土地释放出活力，在市场上表现出其应有的价值。工业用地的土地资本集聚主要来自工业产业的性质和规模、基础设施状况、产业分工集聚效应和城市化效应等。在工业用地周围必然集聚有熟练的工人，以及必要的交通设施和相关的服务行业，这些都为土地带来功能的拓展和盈利能力的提高。合理的产业分工能够减少资源浪费和耗散，缩小环境污染的影响。集聚效应和规模效应会促使土地上的人口和行业聚集，进一步提升工业用地的价值。居住用地的土地资本集聚主要来自基础设施、文教医疗、交通设施、人文素养等方面。商业用地的土地资本集聚最为明显，人口密度、区位和交通等对经营活动非常重要，商业用地存在规模效应，商业活动对土地资本也最敏感。

（2）内部投资。

政府、企业和个人会通过一系列的投资活动影响土地资本。这些投资活动有些是直接针对土地的改良和建设，增加土地的附加值，进而提升土地资本；有些投资活动并不直接投资于土地之上，而是进行了政府职能的完善、企业的发展及个人素质的提高。这些投资活动虽然没有直接影响到土地的形状和利用状态，但是间接构成了体现土地综合质量的组成部分。政府、企业及个人行为的改进，能够改变附近的人文气氛，带动就业和人口聚集，进而提高土地资本。这些对土地资本产生影响的活动，有利于改良土地自然生态系统，提高人文素质，提升服务质量，优化视觉感受，能够提升土地资本构成中最基础的自然和人文格调，提高绿色土地资本在整体土地资本中的比例，更有利于土地资本的可持续增长。

（3）外部辐射效应。

公共物品不具有排他性，建筑设施也无法隐藏，容易产生外部辐射效应，影响城市的整体功能和外观。公共物品或建筑设施的存在不仅会影响到所在地块的土地资本，还会影响周边地块的景观或享受公共物品的便捷程度，因而会对土地资本产生影响。这些外部性会随着距离的增加而衰减。在评估某一地块的土地资本时，不仅要考虑到它自身所具有的功能特点，还要考虑到周边环境和设施对地块价值的影响。因此，一方面，与重要设施和景点等的相对区位会对地块的土地资本有较大的影响，所带来的土地资本将随着距离的增加而衰减；另一方面，交通技术改变了地块的相对区位，使外部辐射产生的土地资本随交通线的建立而增加，这也是任何交通线路的开通都会影响地价和房价的原因。

4.3 土地资本集聚驱动城市群空间结构优化理论

基于前述对土地资本集聚规律的研究，进一步分析土地资本集聚的主体政府、企业及个人等的一系列行为影响城市群空间结构中成员城市之间相对关系的理论过程，包括城市的边界、中心城市的形成及人口在城市间的迁移等方面。并在此基础上提出土地资本集聚驱动城市群空间结构优化的理论假说。

4.3.1 土地资本集聚与城市边界

下面借鉴阿纳斯（Anas，2005）城市空间增长模型将其扩展到城市群范围内，进行土地资本与城市群空间结构优化的探讨。选取规模、密度、距离及相对位置等要素来体现城市群空间结构，土地资本集聚主体选取政府行为。为了简化分析，以政府兴建地铁引起的土地资本集聚为例，证明当政府对土地进行投资后，会产生城市群土地资本增值，进而带来土地资本集聚效应和城市群空间结构形态的改变。

假设城市群中的 A 城市形状为圆形，政府拟投资兴建某设施，如市内地铁。地铁开通后将对站点周边土地资本价值有较明显的提升作用，城市边界（r_f）未因此而扩大。设地铁沿线地租为 $R(r)$，其他地方的地租在地铁规划直到开通的时间段内无变化。兴建地铁的费用来自城市地租，也就是城市地租没有在所有市民（N）间平均分配，而是只分配给了位于地铁沿线或者使用地铁的人群（N_1）。I 为居民可支配收入，t 为地铁修建之前的交通时间，t′为地铁交通时间，r 为城市居民的通勤半径或城市半径，TDR 为政府的地铁投资，ω 为居民收入（Anas，1992）。

$$N_1 + N_2 = N \tag{4.2}$$

其中，N 为 A 城市中的所有市民数；N_1 为地铁受益人数；N_2 为未因地铁受益的人数。

此时可支配收入：

$$I(N_1) = (1 - t'r)\omega + \frac{TDR}{N_1} - R'(r) \tag{4.3}$$

$$I(N_2) = (1 - tr)\omega - R(r) \tag{4.4}$$

$$\frac{TDR}{N_1} - [R'(r) - R(r)] \geq 0,\ t' < t \tag{4.5}$$

$$\Delta I = I(N_1) - I(N_2) = (t - t')r\omega + \frac{TDR}{N_1} - [R'(r) - R(r)]$$

由于，$\frac{TDR}{N_1} - [R'(r) - R(r)] \geq 0,\ t' < t$

$$\Delta I > 0$$

所以对于 N_1 居民来说，可支配收入增加。

因此，当政府通过对交通设施投资改善区位条件来增加土地资本时，沿线地租相应提高，居民实际收入增加。城市内部居民可自由流动将吸引部分未受益人群搬迁至地铁沿线，假设数量为 N′。

79

此时，地铁沿线居民数量为 $N_1 + N'$，其他居民数量为 $N_2 - N'$

$$I'(N_1) = (1 - t'r)\omega + \frac{TDR}{N_1} - R''(r) \tag{4.6}$$

由于地铁沿线土地数量一定，且人均消费土地面积一定，竞争的结果必然使租金 $R'(r)$ 上升至 $R''(r)$，而受益人数保持不变。

$I'(N_1)$ 不断减少，直到 $I'(N_1) = I(N_2)$。

$$(1 - t'r)\omega + \frac{TDR}{N_1} - R''(r) = (1 - tr)\omega - R(r) \tag{4.7}$$

$$R''(r) - R(r) = \left[(t' - t)r + \frac{KN^{\frac{3}{2}}}{2N_1} \right]\omega \tag{4.8}$$

其中，

$$t' - t = \frac{KN^{\frac{3}{2}}}{2N_1(r_f - 2r)} \tag{4.9}$$

即当地铁节约时间为 $\dfrac{KN^{\frac{3}{2}}}{2N_1(r_f - 2r)}$ 时，二者可支配收入相同，因地铁的市内移民不再继续。

如果地铁减少了通勤时间，那么城市边界就会随着地铁的兴建而扩张。假定扩展的面积为 N'，并出现在地铁延展的方向。因为土地供给刚性，短期内 N_2 不会因人口的流失而出现地价的波动。扩张后的城市边界为 r_f'，则：

$$R'(r_f') = 0$$

$$r_f' = \frac{1}{t'} \tag{4.10}$$

新边界取决于地铁的速度，地租 $R(r)$ 会因外来人口的进入而在此达到平衡。并且地铁减少了通勤时间，必然带来城市边界的扩张。因此，政府行为主导下的土地资本集聚必然带来城市边界的扩张压力，核心区域影响范围扩大也会与城市群内邻接城市居民的联系增强。

4.3.2 土地资本集聚与中心城市形成

下面在 4.3.1 所述分析结果的基础上，分析在政府主导下的企业行为引起土地资本集聚带来的城市群空间结构改变。假设城市群中只有 A、B 两个初始规模相同的城市；由于 A、B 组成了城市群，因此二者之间必然产生经济联系和产业分工；A 与 B 之间的距离为 C，小于他们与其他任何城市的距离；A 和 B 城市中心的连线是建立主要交通线的方向，即会向对方方向扩展城市范围；τ 为城市间运输成本，τ' 为市内运输成本，$\tau' < \tau$。假设在这两个初始状态相同的城市中，A 率先进行了城市地铁的投资，增加了土地资本，则会促使 A 的便捷从 r_f 扩展到 r_f'。

A 和 B 都生产产成品 X，价格为 P_x，主要满足各自市内需要，因此需求量为 σN。A 生产中间品 x_1，价格为 q_1，并向 B 出口。B 生产中间品 y_1，价格为 q_2，并向 A 出口。生产 X 需要各一单位的 x_1 和 y_1。

由于 A 兴建地铁等设施，促使边界扩张，因此 A、B 城市之间的距离 C 下降。当城市间距离缩短之后，会促使市内运输增加，城市间运输减少，A、B 之间交流密切，且货物价格会因运输成本下降而下降。

A 由于扩张而吸引外来人口，外来人口可能来自 B 城市，或者农村地区。由于农村生活成本和土地资本较低，在现实中农民到城市工作的成本比在城市间迁移的成本低。由 B 迁移至 A 的人口需要获取比 B 生活更多的收益才有可能选择搬迁，而在地铁以外的地方，A、B 的土地资本几乎是同质的。因此，B 城市的居民具有搬迁成本，而农村几乎没有搬迁成本。为简化分析，假设城市间居民搬迁具有搬迁成本 b，农村居民无搬迁成本；人口流动均衡时，A 的人口密度不变。

A、B 间运费为冰山成本（Fujita，1988），$T = q_i \cdot \dfrac{1}{\tau^2}$（i 为 1、2）。

A、B 间的距离缩短为 $r_f' - r_f$，另 $\theta = 1 - \dfrac{r_f' - r_f}{c}$，$0 \leqslant \theta \leqslant 1$。

当 $\theta = 0$ 时，A、B 合并；当 $\theta = 1$ 时，A 规模不变。

距离缩短后的运费为 $T = q_i \cdot \dfrac{\theta}{\tau^2}$

假定中间品都按统一的售价在 A、B 城市销售，生产中间品的企业在贸易中的利润较低，但生产 X 的企业由于 A 城市的扩张而造成 A 城市劳动力成本与 B 城市不同。H 为生产 X 产品的劳动力数量，其大小与生产量和劳动工人的熟练程度有关。

因此，生产 X 的企业在 A、B 城市的利润分别为：

$$\pi_A = \left(Px - q_1 - q_2 - q_1 \cdot \frac{\theta}{\tau^2} \right) \cdot \sigma_1 N_A - \omega_A H_A \qquad (4.11)$$

$$\pi_B = \left(Px - q_1 - q_2 - q_2 \cdot \frac{\theta}{\tau^2} \right) \cdot \sigma_2 N_B - \omega_B H_B \qquad (4.12)$$

如果 A 城市因修建地铁人口增加 ΔN，对各种物品的需求增加，对 X 的需求增加 $\sigma_1 \Delta N$，因此 B 向 A 增加了 y_1 的出口。y_1 的利润损失为 $q_2 \cdot \frac{\theta}{\tau^2} \cdot \Delta N$。

A 城市由于人口的增加而使综合劳动力成本减低，当生产 y_1 的企业发现运输费用的损失超过其搬迁成本，劳动成本及搬迁后由 A 向 B 运送 y_1 的成本时，就会考虑搬迁。此时 A 城市集聚了更多人口和企业，由于存在空间自组织效应，A 城市的规模还会扩大，最终成为城市群的核心城市。反过来，如果 A 城市规模过大，高土地成本引发高房价，也会使产业和人口向 B 流动。

因此，城市土地资本因投入而增加，土地资本集聚过程促进人口、企业和资本的流动，进而引起城市规模的极化，中心城市形成或地位加强。土地资本集聚引起地方化的连锁反应，土地资本集聚程度高的大城市成为拥有多样化高端行业的城市；小城镇产业功能会相对单一，趋向交流要求小、运作流程短的低端产业。根据前述城市群空间结构优化的目标，人口在城市间流动、大城市拥有技术创新型和多样化产业，小城镇拥有劳动密集型和单一化产业，政府和企业行为引发的土地资本集聚在城市群空间结构的中心城市形成中起驱动作用。

4.3.3　土地资本集聚与人口空间迁移

土地资本集聚影响个人的居住选择，而人口在城镇间的迁移改变城市群空间结构。城市与城市之间的联系和关系是城市群空间结构的重要组成要素。人口在城市间的流动迁移是城市间关系改变的根本原因之一和驱动力。在引起人口迁移的原因中选择收入和土地资本等因素，建立人口流动的空间迁移过滤模型。假设：①城市居民都是理性人，在选择居住地点时，只考虑收入因素，选择收入效用最大化的点进行消费。②消费者的收入只有两种用途，一种是住房消费，另一种是非住房消费，包括城市提供的公共基础设施、饮食、文化教育等的消费。大城市将会拥有较高住房消费，较低非住房消费；小城市因为服务设施不齐全，所以如果想和大城市拥有相同的生活质量，则拥有低房价和高非住房消费。③经济是不断增长的，同一时期居民在不同城市收入相同，且无搬迁成本。④大城市由于存在集聚效应和多样化服务，能够提供小城市较难提供的消费，并且该类消费在大城市的价格低于小城市。当居民收入水平在其所处城市中的效应小于其他城市时，居民会选择迁移到其他城市。

　　将人们在城市间的选择分为四种情况（见图 4-3），S 表示非住房消费，Q 表示土地消费（住房消费），D 为无差异曲线，Y 为收入约束线。情况 I 是大城市和小城市除房屋以外的其他非住房消费品价格相同。假设大城市某居民的收入预算约束线为 Y_0，与无差异曲线 D_1 相交于 A，对应住房消费为 q_0，其他消费为 S_0。如果小城市的住房消费品价格不变，土地价格下降，同样的收入可以消费更多数量的住宅，相当于收入提高了，收入曲线为 Y_1，无差异曲线 D_1 与 Y_1 相切于 B 点。小城市的效用高于大城市，人们会选择到效用较高的小城市生活。情况 II 是小城市非住房消费品价格和土地价格都低于大城市。此时小城市效用也显然高于大城市，人们倾向于小城市。以上两种情况下，随着小城市与大城市的住房价格差距扩大，所带来的效用增加幅度越来越小，因此居民通常会选择距离大城市较近的中等城市。情况 III 和 IV 是小城市土地价格低于大城市，非住房消费品中的低端消费品或日用品与大城市相同，或低于大城市，高端消费品的价格远高于大城市。之所以会出现小城市非住房消费的价格高于大城市的情况，是因为小城市不具备或者较少具备某些大城市的功能，如果想得到与大城市同样的服务功能，必须付出比大城市更高的价格或者到大城市去消费，这时就会出现预算约束线弯折的情况。情况 III 下，切点在上端，即居民偏好消费更多的是非住房消费品，且非住房消费中主要是高端消费品，小城镇缺乏此类消费品或者获取高端消费品成本会更高，此时居民选择忽略居住消费的高成本留在大城市。情况 IV 下，消费者无差异曲线切点在下端，即居民偏好消费更多的住宅，非住宅消费集中在中低端，居民就会选择居住在小城市。现实中的情况是，当居民偏好基本公共服务，对高端消费品需求少时，则会选择到小城市；若居民希望有多样化消费选择，更看重高端消费，包括高端教育、医疗、服务等，而对居住条件不敏感，则会选择大城市。

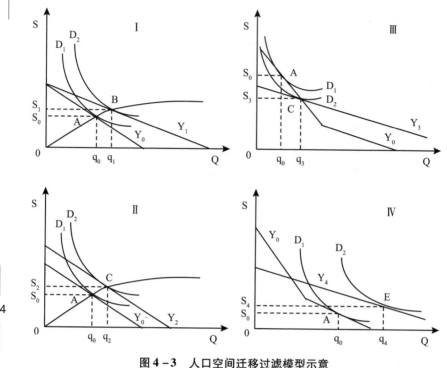

图 4 - 3　人口空间迁移过滤模型示意

图 4 - 3 可以反映居民的流动性与土地资本、消费偏好和城市服务功能的关系。因此，提升土地资本，以及城市公共基础设施和服务功能的均等化建设将有利于人口流动，尤其是向中小城镇流动。反过来，这些措施及人口流动也会间接提升土地资本，缩小大城市与小城市之间的土地资本差距，减少小城市人口向大城市流动。

4.4　本章小结

土地资本集聚是城市群空间结构极化效应在土地上的体现。土地资本集聚是土地资本在因果累积循环效应、地方化和城市化效应共同作用下的结果。本章首先明确提出了土地资本集聚的概念并对其进行解析。

其次利用抽象的模型对土地资本集聚的内在规律进行了形象的描述，展示了生产要素如何集聚融入土地资本，以及土地资本集聚过程中土地资本流量和存量的转换及土地资本在市场中实现的过程。在土地资本集聚过程中，外界因素也会对土地资本产生影响，如政策规划带来的土地用途改变、土地的外部性等。最后对土地资本集聚如何影响城市群空间结构进行了探讨。在前人研究的基础上，构建模型分析土地资本集聚的主体政府、企业及个人等的一系列行为影响城市群空间结构中成员城市之间相对关系的理论过程，包括城市的边界、中心城市的形成及人口在城市间的迁移等方面。在理论分析结果的基础上，提出土地资本集聚驱动城市群空间结构优化假说。

第5章 山东半岛城市群土地资本集聚与空间结构优化实证分析

5.1 山东半岛城市群概况

山东半岛城市群地处东部沿海，西接中部地区，北邻京津冀城市群，南望长三角地区，是继长三角、珠三角和京津冀三大城市群之后我国最具发展潜力的城市群。山东半岛拥有丰富的资源和优良的港口，与韩国隔海相望，是欧亚大陆桥的前站；境内多种交通路网密集发达，人口稠密，拥有多样化产业基础。山东半岛城市群具备较全面的经济发展所需要素，因此是国家重视也是重点发展的城市群之一。国务院明确提出了城市群发展战略，并划定了山东半岛城市群的覆盖范围。按照2007年4月《山东半岛城市群总体规划（2006－2020年）》划定的区域范围，山东半岛城市群主要包括济南市、青岛市、淄博市、潍坊市、东营市、烟台市、威海市和日照市，其中济南为省会城市，青岛为计划单列市，二者都为副省级城市。由于规划通过时间较早，山东半岛空间经济规划不断变化调整，如推进济南与莱芜的一体化建设，莱芜与山东半岛的联系也较为密切，因此本书考虑了莱芜对山东半岛城市群空间结构格局的影响作用，同时因以地级市为计量口径，邹平未纳入统计分析，如表5－1所示。山东半岛城市群规划的城市级别设计是以济南、青岛为区域双中心城市，烟台为区域副中心城市；其他地级市为城市中心城市；以章丘、荣成、龙口、寿光、青州、高密、乳山等为城市区副中心城市；以邹平、济阳、胶州、胶南、诸城、平度、桓台、广饶、昌乐、昌邑、安丘、莱阳、莱西、莱州、招远、文登、莒县、利津、垦利等为城市区优先发展城市①。

表 5-1 **2015 年底山东半岛城市群行政体系结构**

地级市	市辖区	县级市	县
济南市（副省级城市）	历下区、市中区、槐荫区、天桥区、历城区、长清区	章丘市	平阴县、济阳县、商河县、
青岛市（副省级城市）	市南区、市北区、四方区、李沧区、黄岛区、崂山区、城阳区、胶南区	胶州市、即墨市、平度市、莱西市	
淄博市	淄川区、张店区、博山区、临淄区、周村区		桓台县、高青县、沂源县
东营市	东营区、河口区		垦利县、利津县、广饶县
潍坊市	潍城区、寒亭区、坊子区、奎文区、	青州市、诸城市、寿光市、安丘市、高密市、昌邑市	临朐县、昌乐县
烟台市	芝罘区、莱山区、福山区、牟平区	龙口市、莱阳市、莱州市、蓬莱市、招远市、栖霞市、海阳市	长岛县
威海市	环翠区、文登区	荣成市、乳山市	
日照市	东港区、岚山区		五莲县、莒县
滨州市*		邹平县	
莱芜市**	莱城区、钢城区		

注：*滨州市仅邹平县属于山东半岛城市群，在以地级市为研究对象时未纳入分析；
** 由于莱芜市与济南市一体化的进程，因此将其纳入研究范围。
资料来源：《山东统计年鉴》（2015）。

山东半岛城市群的土地自然资本价值和土地人文资本价值都较高。从自然地理的角度来看，山东半岛处于华北黄河冲积扇平原地带之上，气候适宜，土壤肥沃，富有煤炭、石油、天然气等资源，农作物及海洋物产丰富。山东自古便是儒家文化中心，交通设施及各类公共基础设施相对完善，因此山东半岛城市群土地资本较高。

山东半岛城市群拥有优越的地理位置和丰富的物产，自古就是人类

---

① 2015 年后，章丘、济阳、文登、垦丁等地陆续撤市（县）设区。

的发祥地和文明的摇篮。千百年来，人们在山东半岛不断兴修水利，发展农业，建设城镇，使其自然土地资本得到提升。山东半岛是目前全国人口最稠密的地区之一，这些都成为山东自然土地资本集聚的基础。2000年之后，山东半岛各个城市都在大力发展城市和交通建设，各地区基础设施日趋完善。截至2015年，山东省境内修建高速公路13条，高速公路总里程达5348公里，山东半岛实现全境通高速公路，2016年山东省计划开通5条高速线。2008年之后山东省铁路建设加速，一年内开通铁路1000多公里。济青高铁、青烟威荣城际铁路、青岛至连云港铁路等多条快速铁路的开通，及未来规划的城际铁路的建成，将实现"四纵四横"和"三纵三横"的交通规划格局。通过铁路和公路的改造，山东半岛城市群实现城际2小时交通圈。这些交通设施的兴建和提升，必然改变城际空间结构。交通条件的改善，扩展了人们的活动范围，改变了产业分工方式，也使山东半岛境内土地资本空间分布发生改变。一方面提升了沿线大小城镇的土地资本价值，尤其是小城镇，另一方面带来了联动效应，在人口、产业产生改变的同时，也带来了地方土地资本的变化。

山东半岛城市群正处于快速发展的阶段，空间结构尚未稳定，本书通过分析山东半岛城市群土地资本与空间结构随着时间推移的互动变化规律，找寻土地资本驱动城市群空间结构优化的例证。

5.2 山东半岛城市群城市空间结构网络分析

5.2.1 数据来源

以山东半岛城市群的8个地级市与莱芜为研究的基本单元，选取《中国城市统计年鉴》（2007～2015年）中各地的地区生产总值、全市年末总人口数等截面数据计算经济联系强度指标，以体现各地级市经济空间差距。各城市之间的距离最常采用的有欧式距离、公路距离、综合交通时间等。由于高速公路和国道等网络几乎覆盖山东半岛城市群全境，城市间公路运输是最频繁最常采用的交通方式。铁路运输虽然对城市间的空间联系有影响，但铁路线也覆盖了山东半岛的绝大多数城市，铁路运行时间与驾车距离成一定比例，因此本书以公路运输距离为代表体现空间距离的影响，借助 Google 地图和 ArcGIS 软件测算 2016 年山东半岛城市群各城市政府之间的驾车距离。

5.2.2　研究方法

以上述数据为基础，计算各个地级市之间的空间经济联系；采用社会网络分析方法计算山东半岛城市群各城市之间的网络中心度、中心密度、网络中心势及网络结构特征等空间结构表征指标。

（1）经济联系强度。

空间相互作用是区域空间结构形成与演化的根本动因，城市之间的经济联系强度是空间相互作用的重要体现。利用引力模型对山东半岛城市群内各地级市的空间相互作用进行度量。杰斐逊和齐普夫将物理学科的万有引力定律引申到城市的相互作用的计算，经后续研究者的完善，将人流量、贸易流量和物流量等作为经济联系指标，对城市的经济联系进行了分析（朱顺娟，2010）。计算公式为：

$$F_{ij} = K_i \frac{\sqrt{P_i G_i \cdot P_j G_j}}{D_{ij}^2} \tag{5.1}$$

$$K_i = \frac{G_i}{G_i + G_j} \tag{5.2}$$

式（5.1）和式（5.2）中：F_{ij} 为 i 和 j 市的经济联系强度；P_i 和 P_j 分别为 i 和 j 市的总人口；G_i 和 G_j 分别为 i 和 j 市的国内生产总值；D_{ij} 为 i 和 j 市间的距离；K_i 为经验参数，本书以地区生产总值比重加以修正。

（2）社会网络分析。

社会网络分析模型主要用于对网络间的特征关系进行分析，确定网络成员类型并探讨成员对网络的作用。社会网络分析方法能够满足城市群中各成员之间空间网络布局的研究，了解城市之间网络布局的特点，使得优化城市群网络结构的变化过程可视化（李响，2011）。本书使用社会网络分析方法，主要从网络密度、网络中心度和网络中心势等方面来研究山东半岛城市群空间结构的变化过程及特点。

网络密度指标主要体现城市群网络中所有成员之间关系的紧密程度，利用网络中实际存在的联系数和概念上可能存在的关系数相对比得到，成员之间的关系越深，代表此网络的密度越大（朱顺娟，2010）。
城市之间网络密度的计算公式为：

$$D = \sum_{i=1}^{n} d_i(c_i)/n(n-1) \tag{5.3}$$

$$d_i(c_i) = \sum_{i=1}^{n} d_i(c_i \cdot c_j) \tag{5.4}$$

其中，n 代表城市空间网络的大小，即城市数量；如果城市 i 和城市 j 之间有联系，则数值为 1，否则为 0。

网络中心度主要是对整个网络的中心化水平进行衡量。在城市群网络中，位于中心位置的城市更容易获得信息和资源，具有较强的集聚效应，对其他城市产生的影响相对较大。中心位置体现在地理位置、经济地位及交通地位等多个方面。网络中心度通常有点度中心度、接近中心度和中间中心度三类指标。

点度中心度为衡量城市在城市群空间经济关系网络中位于重要中心位置的指标，可以用两关联城市间直接联系的大小表示。按照城市经济联系方向及强度的不同，点度中心度可以分为点入度和点出度。点入度体现的是城市群其他成员对特定城市的经济影响；点出度体现的是特定城市对城市群中其他成员城市的经济影响。点度中心度的计算方式为：

$$C_D(c_i) = d(c_i)/(n-1) \tag{5.5}$$

接近中心度指的是城市在城市群网络中所处的位置，主要是用某一个城市与城市群网络中其他城市的最短距离衡量。接近中心度如果很高，就代表此城市和另外的城市间具有比较好的通达性，且经济联系紧密，不容易被网络中的其他城市影响，其计算方式为：

$$C_C(c_i) = \frac{n-1}{\sum_{j=1}^{n} d_i(c_i, c_j)} \tag{5.6}$$

5.2.3　山东半岛城市群空间结构网络的特征

5.2.3.1　网络密度

计算网络密度时需要选取赋值矩阵对原始数据进行二值化。目前赋值矩阵的密度测算主要与研究者的选择有关，学术界还未形成共识。借鉴前人研究经验，根据原始数据的分布特点，本书采用 6 为断点对数据进行二值化；并以求得的经济联系强度为基础，利用软件 Ucinet 6.0 计算山东半岛城市群 2007～2014 年各节点年份的网络密度。

由表 5 - 2 可以看出，山东半岛城市群的网络密度逐年上升，标准差逐年降低。说明山东半岛城市群各地区之间的空间经济联系与交流日益紧密，各方面合作加强，经济联系的空间网络结构趋于稳定。网络密度的数值在 2008 年和 2012 年出现较大幅度的上升（见表 5 - 3），表明山东半岛城市群城市之间的联系紧密度在这两个时间段有一定程度的飞跃。山东半岛城市群的固定资产投资总额增长率在 2008 年和 2012 年分别是 25% 和 16%，均为增幅较大的年份。2008 年是山东体育设施建设较快的年份，并且也相应进行了铁路和公路设施的完善，最终山东半岛固定资产总投资增幅高达 25%。2012 年的固定资产投资增长率虽然只有 16%，但却由增幅下降转为增幅上升的拐点，这是受国际经济下滑影响及美国次贷危机波及后回升的年份。随着山东半岛城市群信息技术和物流技术的提高及高速铁路和公路的完善，区域内交通条件、产业互补、市场共享、人口流动、文化交流等方面加速发展，有效地推动了山东半岛城市群各城市之间的互动，城市群网络联系日趋紧密，空间结构也呈现出网络化发展的状态。因此，山东半岛城市群空间网络密度的增加与固定资产投资关系密切，也就与土地资本的集聚和增加有一定的联系。

91

表 5 - 2　　　　山东半岛城市群 2007～2014 年网络密度

	2007 年	2008 年	2009 年	2010 年	2011 年	2012 年	2013 年	2014 年
网络密度	0.2639	0.2917	0.3056	0.3333	0.3750	0.4444	0.4583	0.4722
标准差	0.4663	0.4663	0.4247	0.4157	0.3958	0.3958	0.3727	0.3143

表 5 - 3　　　　山东半岛城市群固定资产投资总额增长率
与网络密度增长率对比　　　　单位：%

	2007 年	2008 年	2009 年	2010 年	2011 年	2012 年	2013 年	2014 年
固定资产投资增长率	9.883786	25.51217	20.53088	20.76692	8.324671	16.16583	19.85827	15.60012
网络密度增长率	—	10.53429	4.76517	9.064136	12.51125	18.50667	3.127813	3.032948

5.2.3.2　网络中心度和中心势

城市群中的城市之间存在向心力和离心力，在城市之间交流的过程中产生经济社会的相互影响。城市之间的空间经济联系具有单向性的特点，可以从影响其他城市和其他城市对特定城市的影响两个方向来体现城市在城市群的经济影响力和中心地位。以引力模型计算得出的城市经济联系强度数据为基础，运用 Ucinet 软件，计算得出山东半岛城市群空间联系网络点度中心度和网络中心势，用以体现空间结构中各节点的分布关系，结果如表 5 - 4 所示。

表 5 - 4　　山东半岛城市群城市空间经济联系网络点度中心度

		2007 年	2008 年	2009 年	2010 年	2011 年	2012 年	2013 年	2014 年
点入度	淄博市	84.24	91.593	109.211	126.837	145.587	158.547	169.913	182.231
	济南市	75.329	78.971	98.924	115.384	130.58	143.313	156.024	173.783
	青岛市	63.295	74.07	83.979	97.405	114.004	145.08	160.103	179.014
	烟台市	54.868	65.183	71.626	82.27	92.659	102.614	110.259	148.688
	潍坊市	53.624	67.025	77.358	87.97	101.227	117.351	129.92	143.095
	东营市	27.8	34.378	35.72	40.635	46.293	52.334	57.003	61.074
	威海市	23.637	26.686	29.6	28.521	30.885	34.848	38.457	59.891
	日照市	7.007	8.618	9.925	12.003	14.301	17.161	19.259	21.106
	莱芜市	8.093	1.358	10.457	12.15	13.577	13.783	14.106	14.91
点出度	淄博市	79.621	93.12	105.769	122.089	139.297	156.069	170.714	187.52
	济南市	46.561	52.799	59.895	69.06	79.372	88.287	95.529	103.111
	青岛市	28.849	35.173	38.684	44.401	50.664	64.339	70.264	77.549
	烟台市	36.949	42.784	47.256	49.897	56.123	65.344	72.03	93.053
	潍坊市	54.319	67.804	75.813	87.798	100.999	115.685	125.998	137.404
	东营市	34.241	41.221	45.533	52.441	60.206	67.498	73.685	80.386
	威海市	41.207	48.982	53.661	60.945	68.689	75.959	82.132	125.272
	日照市	28.624	34.257	38.336	44.719	52.194	63.799	70.588	77.501
	莱芜市	47.522	31.742	61.853	71.826	81.568	88.051	94.105	101.997

　　由点度中心度的对比结果可以看出，各城市 2007～2014 年的点度中心度数值均逐年增加，且增幅不断加大说明各个城市的对外影响力都不断增加，城市之间的融合加强。中心节点分布格局变化不大，仅潍坊和烟台、日照和莱芜的序位出现浮动。因此，山东半岛城市群城市的经济空间节点排序变化不大，各城市在城市群空间结构中的序位较稳定，与外界的联系和影响增加，整体空间经济格局稳定增长。点出度体现了该城市对其他城市的影响程度，点入度体现了城市群中其他城市对该城市的影响程度。淄博市点出度处于城市群的首位，2007 年与第二位济南市的差距为 12%，2014 年的差距为 5%，差距逐渐缩小。淄博、济南、青岛、烟台和潍坊的点出度较高，且与其他城市差距较大，说明这几个城市对其他城市影响较大或存在经济资源输出。淄博、济南、潍坊、威海等城市的点入度相对较高，说明城市群中的其他城市对这些城市存在较大经济影响或经济资源输入。各城市点出度和点入度的差额变化趋势如图 5-1 所示。淄博、济南、青岛和烟台点出度和点入度的差额为正，说明对外界施加的经济影响大于外界对城市的影响。点出度和点入度平均值的变化趋势如图 5-2 所示，淄博、济南、潍坊、青岛和烟台的数值较大，说明这些城市与其他城市的经济联系较密切，也体现了与其他城市具有较深入的分工协作。根据 2014 年第二产业和第三产业占 GDP 的比重可以看出，淄博、东营、烟台、日照和莱芜偏重

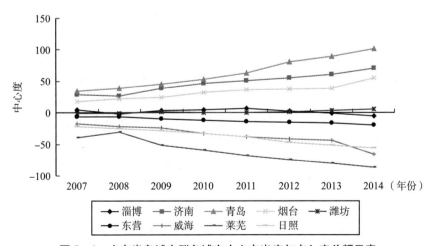

图 5-1　山东半岛城市群各城市中心点出度与点入度差额示意

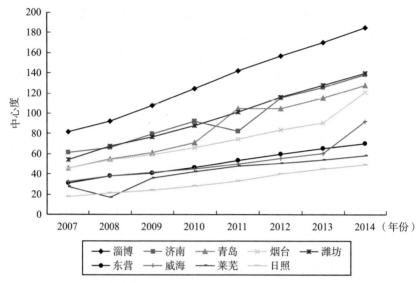

图 5 – 2　山东半岛城市群各城市中心点出度与点入度平均值示意

第二产业，济南、青岛、威海、潍坊偏重第三产业。淄博处于山东半岛城市群地理空间的中心，是重要的交通枢纽；其第二产业占 GDP 的 56%，第三产业占 GDP 的 40%，以采矿、化工等第二产业为主，工业经济输出是淄博的主要产业功能，与其他城市产业分工合作的程度较深。因此，虽然淄博的整体经济水平和城市地位落后于济南、青岛等城市，但点度指数整体较高，体现了淄博位于城市群中心的地理位置在交通枢纽和产业链中的重要作用。

根据节点中心度绘制山东半岛城市群空间网络结构演化过程如图 5 – 3 所示，圆点代表城市，圆点的大小体现城市的中心程度；箭头及方向代表城市之间的联系方向。由图 5 – 3 可以看出 2007 ~ 2014 年，山东半岛城市群中各城市的联系紧密度增加，网络密集程度明显增加。2009 年比 2007 年增加了济南和东营、日照和潍坊之间的网络线；2011 年增加了潍坊与莱芜、东营、烟台之间，东营与青岛和济南与青岛等之间的网络线；2014 年增加了青岛与威海和莱芜之间的网络线。山东半岛城市群内网络线的变化体现了城市群空间结构的演变，一方面城市间联系的紧密度增加，另一方面青岛和潍坊与其他城市的联系增加，在空间结构中的中心地位增强。网络结构图中标识城市的原点大小体现了该城市在空间网络中的中心度大小，济南、青岛、潍坊和淄博的中心度较高，同时也体现了 2009 年后青岛和潍坊的中心度有较大的提升。山东半岛城市群城市空间结构的改变，一方面与高速铁路等快速交通线的通车有较大关系，济南、淄博、潍坊、青岛均为高速铁路的重要站点；另一方面离不开信息和物流业的发展，信息和物质交流不再成为城市合作的障碍。

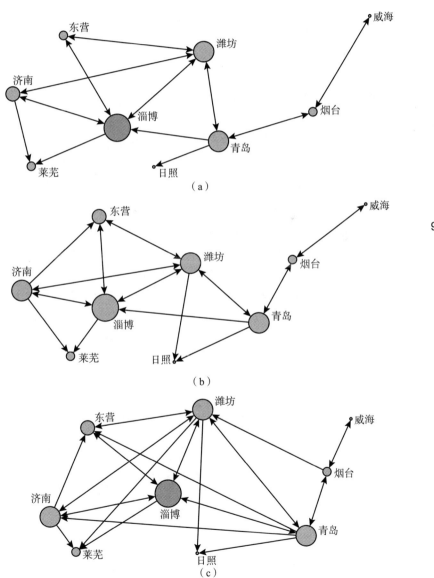

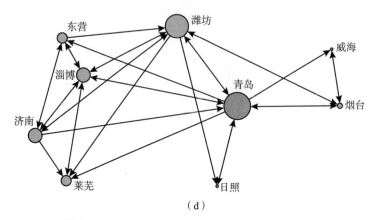

（d）

图5-3 山东半岛城市群空间网络结构演化过程

对山东半岛城市群的经济联系网络的点度中心度、中间中心度计算其中心势，如表5-5所示。网络中心势体现城市群成员之间经济联系的均衡和对称程度，数值越大说明空间网络集中度越高。表5-5表明2007~2014年山东半岛城市群点出度和点入度的中心势都有下降的趋势，说明山东半岛城市群空间结构存在不均衡和不对称性，但空间网络的集中度下降，优势城市越来越不明显，各城市发展日趋均衡。原来以济南、青岛、潍坊和淄博为核心节点，逐步扩展为各个城市之间直接联系加强，经济联系的总范围扩大，中心节点作用弱化。2007~2014年点出度中心势和点入度中心势都有小幅波动，在2014年下降最快。判断其原因，与2014年电商发展迅速有一定关系，城市之间相对经济距离缩短。

表5-5　　　　　　　　山东半岛城市群网络中心势　　　　　　　单位：%

	2007 年	2008 年	2009 年	2010 年	2011 年	2012 年	2013 年	2014 年
点出度中心势	15.745	13.959	15.287	15.456	15.743	14.837	14.257	10.077
点入度中心势	13.928	14.468	14.249	14.229	14.308	14.321	14.409	10.808
中间中心势	34.38	34.82	27.68	26.90	16.41	23.94	26.40	28.18

点出度和点入度中心势的差值降低，由2007年的1.8%减少到2014年的-0.7%，说明山东半岛城市群的网络经济空间均衡性及对称

性扩大。以中间中心度衡量的中心势结果由 2007 年的 34.38% 减少到 2014 年的 28.18%，表明山东半岛城市群网络的中心城市优势不突出，对资源控制能力较弱，中心城市集聚能力减弱，城市群网络呈现出多极化倾向。

5.2.3.3　山东半岛城市群核心—边缘分析

利用 Ucinet 6.0 的核心边缘模型工具分析山东半岛城市群空间网络的核心城市和边缘城市，得到山东半岛城市群城市空间网络的核心—边缘结构，其结果如表 5 - 6 和表 5 - 7 所示。从空间经济联系网络的核心—边缘结构来看，山东半岛城市群的核心区—边缘区自 2007 年以来相对固定。核心区主要是济南、青岛、淄博和潍坊，与中间中心度的结果相符。从网络联结密度的变化趋势来看，核心区与边缘区的联系密度不断增长，核心区成员的联系密度由 2007 年的 12.791 变为 2014 年的 31.437，边缘区成员的联系紧密度由 2007 年的 3.277 变化为 2014 年的 8.867。由此可以认为核心区之间联系较紧密，边缘区之间联系紧密度较低，体现出城市群内有一定的分层现象，综合发展较优的城市之间交流更多，相互促进，而综合水平较低的城市与其他城市的交流程度较低。

表 5 - 6　　山东半岛城市群空间经济联系网络的核心—边缘结构

年份	核心—边缘结构	城市
2007	核心区	济南　青岛　淄博　潍坊
	边缘区	东营　烟台　威海　日照　莱芜
2008	核心区	济南　青岛　淄博　潍坊
	边缘区	东营　烟台　威海　日照　莱芜
2009	核心区	济南　青岛　淄博　潍坊
	边缘区	东营　烟台　威海　日照　莱芜
2010	核心区	济南　青岛　淄博　潍坊
	边缘区	东营　烟台　威海　日照　莱芜
2011	核心区	济南　青岛　淄博　潍坊
	边缘区	东营　烟台　威海　日照　莱芜

年份	核心—边缘结构	城市
2012	核心区	济南　青岛　淄博　东营　潍坊
	边缘区	烟台　威海　日照　莱芜
2013	核心区	济南　青岛　淄博　东营　潍坊
	边缘区	烟台　威海　日照　莱芜
2014	核心区	济南　青岛　淄博　潍坊
	边缘区	东营　烟台　威海　日照　莱芜

表 5-7　　山东半岛城市群城市核心区与边缘区网络联结密度变化趋势矩阵

	2007 年		2008 年		2009 年	
	核心区	边缘区	核心区	边缘区	核心区	边缘区
核心区	12.791	6.150	15.582	6.233	17.246	8.126
边缘区	2.793	3.277	3.095	3.716	3.661	4.206

	2010 年		2011 年		2012 年	
	核心区	边缘区	核心区	边缘区	核心区	边缘区
核心区	19.950	9.410	22.911	10.824	21.151	9.680
边缘区	4.197	4.581	4.770	5.115	3.443	8.296

	2013 年		2014 年			
	核心区	边缘区	核心区	边缘区		
核心区	23.109	10.539	31.437	15.044		
边缘区	3.701	9.006	6.417	8.867		

5.2.4　小结

　　2007～2014 年间山东半岛城市群空间结构的中心节点的相对序位变化不大，城市群空间结构的演变较缓慢，城市之间的格局相对稳定。城市群空间网络结构的特征是中心城市实力不突出，各城市之间的经济差距缩小，呈现出多中心化的趋势。山东半岛城市群网络空间联系增加，城市之间的紧密程度加大，一体化程度加深，城市群整体实力增强，在山东半岛城市群所处的发展阶段中空间结构呈现逐年优化的趋势。山东半岛城市群空间结构的网络联系增强，中心节点差距缩小，与2007年开始山东省加速基础设施建设和电子商务的发展有一定的关系。随着高速铁路、高速公路、国道等的建设，山东半岛城市群的土地资本整体提高，城市资源的流动性加速，城市之间交流成本下降，城市运作的效率得到了极大提升。电子商务的发展使信息和商品交换更加便捷，信息、商品及资金流动成本大大降低，使原来相对位置较差的土地与优势土地的商业区位差别下降，也促使较偏远位置的土地资本得到提升。

5.3　山东半岛城市群土地资本集聚的空间特征

5.3.1　数据来源及数据筛选

土地资本是土地在市场上流转，由供求机制决定其价格。土地市场价格是土地资本的外在表现，其数值变动最贴近土地资本价值的变动规律，因此应选取土地市场价格表征土地资本，探讨土地资本与城市群空间结构之间的关系。我国城镇土地归国家所有，因此任何单位和个人想要使用城市土地，都必须依法从国家手中获取使用权。从城镇土地供应方式上看，我国土地供应由国家垄断，但是国家会根据市场需求预测适时调整土地经济供给，促进供求平衡。国家出让转让土地使用权的方式有五种：划拨、协议、招标、挂牌和拍卖，其中，划拨是无偿获取土地使用权的方式，协议、招标、挂牌和拍卖是有偿获取土地使用权的方式。由于协议出让方式参与竞争者较少，转让过程不公开，价格的形成并非完全市场化，因此只适用于某些国家特殊项目的兴建。大多数商品房土地使用权的出让都采取"招、拍、挂"的形式进行，这三种形式都是公开竞争，竞争者互相了解出价信息，出让结果可近似认为是市场竞争条件下形成的土地市场价格。

目前可以获得的对外公布的土地价格信息有土地出让价、基准地价、标定地价、最低限价和城镇地价动态监测数据等。基准地价是一定范围内的平均地价，是由政府出面评估的结果，是在土地出让、纳税、抵押等时的参考，每隔几年才进行更新，数据时序不连续，时效性和市场性都较差。城镇土地地价动态监测结果是土地利用动态监测数据的一部分，一般公布的数据是通过抽取样点数据，计算某一时期某区域的平均价格，公布的一般是分析结果，也相对及时，目的是防范土地市场风险。而标定地价和最低限价等都是政府给出的防范风险和政府指导标准，与市场交易的真实情况有较大差距。土地出让价格是我国政府在土地一级市场上有偿出让一定年限土地使用权收取的土地使用权补偿金，即土地使用权市场成交价格。每一宗土地的土地出让价格都可以通过国土资源部公开的数据库获取，数据量比较大，时序性较好，出让土地的信息齐全，是较理想的研究数据。

通过国土资源部及下设部门公开网站——中国土地市场网的数据库中获得2008～2015年的山东半岛城市群内10万余项宗地土地使用权公开出让数据，包括项目位置、项目名称、土地用途、成交价格、面积、容积率、使用年限、出让方式及出让时间等信息。去除其中划拨和协议出让方式出让的宗地及项目位置无效数据，共64615项有效数据。以地级市为单位将样本数量分布列示如表5-8所示。

表5-8　　　　　　　土地出让价格样本分布区域及数量

	济南	青岛	淄博	东营	烟台	潍坊	威海	日照	合计
数据量（项）	5776	12849	5455	5680	9600	13922	7786	3547	64615

5.3.2　数据的归一化处理

土地价格有基准地价、标定地价、市场交易地价等多种类型。本书所采用的数据是山东半岛城市群中宗地的市场交易总价。市场交易总价能够体现宗地的土地资本价值总量，是最能够体现宗地土地资本大小的数据。土地市场交易总价必然受到面积、容积率等因素的影响，因此在不同的研究内容中还需要对地价做相应变换，以增加宗地间的可比性，并更真实地体现土地资本的大小和价值。例如，面积大但不具有区位优势的宗地总价可能很高，但是土地的建设程度可能较低，投入的劳动和资本较少，更多的是体现土地自然资本价值，但不能认为该宗地就比市中心总价低但单价高的地块土地资本高。因此需要对土地市场交易价格进行检验，以判断能否采用单位地价来替代总地价，以及土地使用年限、容积率、面积及土地级别等因素是否对土地价格造成影响。土地面积体现的是土地平面维度；土地容积率和土地等级体现的是土地垂直维度；土地使用年限体现的是土地时间维度变化情况。本书分别对工业用地、商业用地和居住用地的面积、容积率、土地等级和土地使用年限进行相关性检验。利用 SPSS 19.0 进行双变量相关关系分析，估算 Pearson 相关系数及双侧检验，结果如表 5 - 9 和表 5 - 10 所示。

表 5 - 9　　　　　　　　工业用地价格 Pearson 相关系数检验

		面积	土地使用年限	土地级别	容积率
成交价格	Pearson 相关性	0.886 **	0.047 *	0.018	0.088 **
	显著性（双侧）	0.000	0.014	0.347	0.000
	N	2758	2758	2758	2710
单位价格	Pearson 相关性	0.011	0.103 **	0.034	0.265 **
	显著性（双侧）	0.575	0.000	0.077	0.000
	N	2758	2758	2758	2710

注：* 在置信度 0.05 水平（双侧）上显著相关，** 在置信度 0.01 水平（双侧）上显著相关。

表 5 - 10　　　　　　　工业用地价格 Spearman 秩相关系数检验

			面积	土地使用年限	土地级别	容积率
Spearman 的 rho	成交价格	相关系数	0.952 **	0.029	0.055 **	0.090 **
		Sig.（双侧）	0.000	0.124	0.004	0.000
		N	2758	2758	2758	2710
Spearman 的 rho	单位价格	相关系数	- 0.028	0.097 **	0.086 **	0.165 **
		Sig.（双侧）	0.142	0.000	0.000	0.000
		N	2758	2758	2758	2710

注：* 在置信度 0.05 水平（双侧）上显著相关，** 在置信度 0.01 水平（双侧）上显著相关。

在工业地价的宗地成交价格与面积等变量的 Pearson 积矩相关系数

检验中，只有面积和容积率 Sig.（双侧）小于 0.01 通过检验，系数分别为 0.886 和 0.088，显然成交价格与面积和容积率均相关，如表 5 - 9 所示。由于所使用数据为分类变量，从 Spearman 秩相关系数可以得到同样的结果，如表 5 - 10 所示。同样只有面积和容积率通过检验，工业成交地价与面积的 Spearman 相关系数为 0.952，与容积率的相关系数为 0.09。两种方法得出了同样的结论。在工业单位地价与面积等变量的 Pearson 积矩相关系数检验中，土地使用年限和容积率通过检验。土地使用年限相关系数为 0.103，容积率相关系数为 0.265。在 Spearman 秩相关系数检验中，土地使用年限、土地级别和容积率通过检验。工业单位地价与土地使用年限、土地级别和容积率相关，相关系数分别为 0.097、0.086 和 0.165，均小于 0.2。因此，单位地价与其他变量不相关，与容积率相关性不明显，可以在研究中忽略不计。由结果可见，工业成交价格受面积影响较大，而在分析土地资本时应尽可能除去面积影响因素。在对土地资本价值的分析中，虽然面积是不可忽视的因素，但是分析土地资本与空间结构的关系更看重的是非面积因素所带来的影响，因而采用工业单位地价分析更为科学合理。工业单位地价受土地使用年限、土地级别和容积率的影响，需要对单位地价进行归一化处理。由于土地级别和容积率体现了土地的利用强度和区位特征，是土地资本价值的一个组成部分，因此不再对这两个方面进行处理，仅就土地使用年限对工业单位地价进行标准化处理。

以同样的方法对商业用地进行 Pearson 和 Spearman 相关系数检验（见表 5 - 11 和表 5 - 12），得出成交地价与面积、使用年限和容积率显著性为 0，相关系数为正；单位地价与容积率正向相关，显著性为 0，与其他变量不相关。居住用地进行 Pearson 和 Spearman 相关系数检验（见表 5 - 13 和表 5 - 14），得出成交地价和单位地价与面积、使用年限、土地级别和容积率均相关。由以上检验结果可以看出容积率对商业地价和居住用地价格的影响大于工业地价。工业用地一般占地面积较大，容积率较低，土地使用集约度差，因此工业地价对用地指标反应不敏感，容积率对工业地价的影响程度不高。而商业用地和工业用地的面积、使用年限、土地级别和容积率等指标，体现了该地块的规模、开发程度和区位特征，开发商和消费者对用地指标较敏感，因此用地指标对地块价格的总价和单价均有影响。容积率决定了开发商能够兴建的建筑物面积和利润率，也影响着居民的生活环境。在这里也证明了容积率是对土地资本有一定影响的城市规划因素。虽然容积率指标与单位地价之间具有相关性，但是根据容积率对单位地价进行归一化处理，将会放大容积率的影响，反而影响结论的科学性，因此在空间分析中不再对容积率的影响进行特别处理。对商业用地单位地价进行土地使用年限影响的标准化处理，对居住用地单位价格进行土地面积、土地使用年限影响的标准化处理，以标准化后的地价为基础进行空间结构探讨。

表 5－11　　　　　　　　商业用地价格 Pearson 相关系数检验

		面积	土地使用年限	土地级别	约定容积率
成交价格	Pearson 相关性	0.625 **	0.186 **	0.044	0.259 **
	显著性（双侧）	0.000	0.000	0.338	0.000
	N	485	485	485	466
单位价格	Pearson 相关性	− 0.011	0.105 *	− 0.015	0.239 **
	显著性（双侧）	0.817	0.021	0.749	0.000
	N	485	485	485	466

注：* 在置信度 0.05 水平（双侧）上显著相关，** 在置信度 0.01 水平（双侧）上显著相关。

表 5－12　　　　　　　商业用地价格 Spearman 秩相关系数检验

			面积	土地使用年限	土地级别	约定容积率
Spearman 的 rho	成交价格	相关系数	0.863 **	0.122 **	0.151 **	0.205 **
		Sig.（双侧）	0.000	0.007	0.001	0.000
		N	485	485	485	466
Spearman 的 rho	单位价格	相关系数	0.042	0.086	− 0.071	0.293 **
		Sig.（双侧）	0.358	0.059	0.118	0.000
		N	485	485	485	466

注：* 在置信度 0.05 水平（双侧）上显著相关，** 在置信度 0.01 水平（双侧）上显著相关。

表 5 – 13   居住用地价格 Pearson 相关系数检验

		面积	土地使用年限	土地级别	约定容积率
成交价格	Pearson 相关性	0.582 **	– 0.025	0.102 **	0.213 **
	显著性（双侧）	0.000	0.271	0.000	0.000
	N	1900	1900	1900	1833
单位价格	Pearson 相关性	0.145 **	– 0.079 **	0.085 **	0.360 **
	显著性（双侧）	0.000	0.001	0.000	0.000
	N	1900	1900	1900	1833

注：* 在置信度 0.05 水平（双侧）上显著相关，** 在置信度 0.01 水平（双侧）上显著相关。

表 5 – 14   居住用地价格 Spearman 秩相关系数检验

			面积	土地使用年限	土地级别	约定容积率
Spearman 的 rho	成交价格	相关系数	0.870 **	– 0.177 **	0.232 **	0.234 **
		Sig.（双侧）	0.000	0.000	0.000	0.000
		N	1900	1900	1900	1833
Spearman 的 rho	单位价格	相关系数	0.156 **	– 0.117 **	0.079 **	0.417 **
		Sig.（双侧）	0.000	0.000	0.001	0.000
		N	1900	1900	1900	1833

注：* 在置信度 0.05 水平（双侧）上显著相关，** 在置信度 0.01 水平（双侧）上显著相关。

5.3.3 研究方法

采用空间插值分析方法对土地资本在空间上的分布规律进行研究。空间插值分析方法是通过已知点的数据推测同一区域其他未知点数据的空间预测方法（黄杏元等，2002）。选取数据的样点在空间上的分布是分散的，可以通过地理信息系统将这些样点的空间分布情况描述出来。但是由于地价构成非常复杂，分散的样点之间的分布规律和相互关系很难直观地体现出来。因此需要以样点数据为基础进行空间插值估算，将离散的样点数据转变为连续的数据曲面，用以分析地价的空间分布规律和变化趋势。空间插值的原理是：空间位置上越靠近的点，越可能具有相似的特征值；而距离越远的点，其特征相似的可能性越小。根据上述规律，由已有样点数据推测该区域范围内其他点的值，形成连续的数据结果。邻近地块之间存在外部性，土地价格评估常参考周边土地价格，因此地价的空间分布采用空间插值方法是符合现实情况的。

　　空间插值方法可以分为整体插值方法和局部插值方法两类（郑光辉等，2007）。整体插值方法是用样点数据进行全区域范围内的统一特征拟合，将某些局部的变化看作是随机噪声。对于地价分析来说，由于地价的形成因素很多，容易将一部分有用的信息丢失，因此整体插值法通常不直接用于地价空间差值，而是用来进行总体趋势分析。局部插值方法是用邻近样点数据来估计未知点的值，如泰森多边形法、距离倒数加权法、样条函数插值法、克里金插值法等。局部插值法的结果不受差值表面其他点的影响。城市土地价格具有异质性，与邻近地块土地价格的关系密切，受整体区域的价格高低影响较小，所以选用局部插值的方法估测土地价格是较贴近现实情况的。克里金插值方法是局部空间插值方法之一，是目前进行城市地价空间分布研究中应用最广泛的分析方法。克里金插值方法是由南非地质学家克立金（Krige）和统计学家西舍尔（Sichel）在 20 世纪 40 年代末所提出的根据样点与位置的相关度不同，对每个样点赋予权重，再进行滑动加权平均来估算位置样点的方法，由法国统计学家马瑟伦（Matheron）命名。克里金插值方式是根据已有样点的大小、形状及空间位置等信息，对待评估样点进行无偏最优估计。该方法最大限度地利用了空间结构信息，考虑了待评估样点和已有样点的数据、临近空间位置关系、空间分布结构特征。因此，克里金插值方法比其他方法更加明确，并能够给出估计误差。

　　设区域内某一样点位置 a_i 处的观测值为 $Y(a_i)$，$i = 1，2，3，\cdots，n$。那么预测点 a_0 的估计值 $Y(a_0)$ 可以用 a_0 周围多个采样点的观测值的线性组合来求取，即：

$$Y(a_0) = \sum_{i=1}^{n} \beta_i Y(a_i) \qquad (5.7)$$

　　其中，β_i 是样点 a_i 的权重。β_i 的取值考虑了预测点与采样点及采样点之间的距离、空间位置关系，采样点丛聚数量的多少等。

求无偏最优估计值需满足的条件为:

(1) 无偏估计,即 $E[Y'(a) - Y(a)] = 0$;

(2) 估计方差最小,即 $var[Y'(a) - Y(a)] \rightarrow \min$。

权重 β_i 满足下列方程:

$$\sum_{i=1}^{n} \beta_i \gamma(a_i, a_j) + \mu = \gamma(a_i, a_0), \quad \sum_{i=1}^{n} \beta_i = 1 \qquad (5.8)$$

其中,$\gamma(a_i, a_j)$ 为观测点 a_i 与 a_j 之间的半变异值,$\gamma(a_i, a_0)$ 是采样点 a_i 与内差点 a_0 之间的半变异值,μ 是拉格朗日乘数。

对半变异函数进行计算,计算公式如下:

$$\gamma(a) = \begin{cases} 0 \\ \rho_0 + \rho\left(\dfrac{3}{2} \cdot \dfrac{a}{b} - \dfrac{1}{2} \cdot \dfrac{a^2}{b^2}\right), & 0 < a \leqslant b \\ \rho_0 + \rho, & a > b \end{cases} \qquad (5.9)$$

其中,ρ_0 是块金效应值;ρ 是偏基台值;b 为变程。

模型要求 $\rho_0 > 0$、$\rho > 0$、$b > 0$。将上述公式线性化,再利用简介平差法求解,可得到 ρ_0、ρ、b 的估计值。将估计值结果式及计算出来的权重 β_i 值,代入待估点数值公式,就可得出 $Y(a_0)$ 值。

5.3.4 数据检验

利用克里金插值法进行数据估算和分析之前需要进行数据的分布特征分析,趋势分析和相关性分析。克里金插值法是在数据服从正态分布的前提下进行的。如果数据不服从正态分布,可以对数据进行变换。变换之后如果通过检验则可以进行空间插值。

先对 2015 年山东半岛工业用地单位地价进行检验(见图 5 - 4 和图 5 - 5),经检验数据不符合正态分布,经对数变化后,均值为 5.4169,中值为 5.4234,二者数据接近,符合正态分布特征。数据峰度(Kurtosis)为 7.1387,大于 0;数据偏度(Skewness)为 0.60041,大于 0。因此,数据呈右偏正态分布,分布相对集中。根据图 5 - 5 显示的结果,数据对数变换后分布几乎呈直线,可认为服从正态分布。研究对其他年份的工业用地、居住用地和商业用地的单位价格进行了检验,均符合对数服从正态分布的特征,限于篇幅不再一一列出。

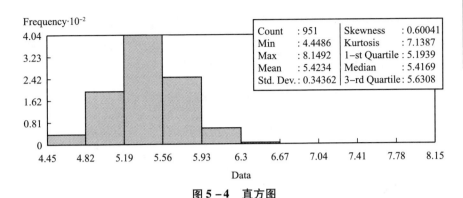

图 5 - 4　直方图

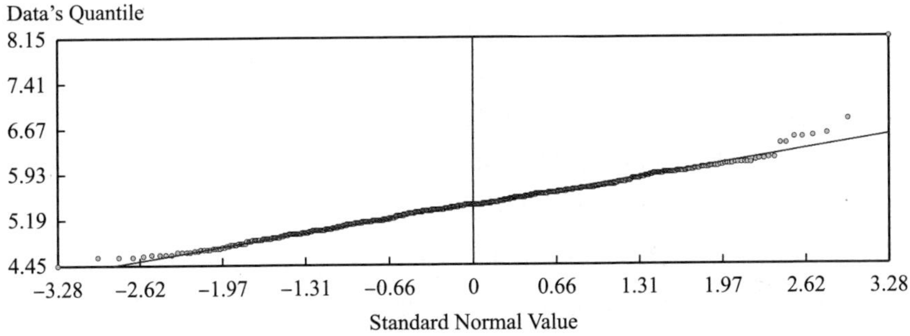

图 5 - 5　QQPlot 分布

　　然后进行相关性分析和趋势分析。根据空间自相关理论，样点之间距离越近，属性类似的可能性越大。土地价格正是具有距离越近，数值越接近的特点。一般用半变异函数云图来表达半变异函数值。通过半变异函数云图分析数据样点之间的距离关系，距离越近的样点数值越近似。因此，如果在近距离范围中的半变异函数值过大，说明数据分布不符合现实，或者数据样点存在特殊性，需要重新审核数据是否准确，筛选有效数据，删除离群数据。

5.3.5　分类地价空间插值分析

　　将现有山东半岛城市群地价数据按年份和用地类型分组，采用地统计学中的空间局部插值法（即克里金插值法）利用 ArcGIS 10.0 地理信息系统工具软件对每组数据进行估算。克里金插值模型包括普通克里金插值、简单克里金插值、泛克里金插值等多种模型。根据每组数据在不同模型中的标准平均值、平均标准误差、标准均方根预测误差等指标，选择每组数据适合的模型，做出克里金插值图。

5.3.5.1　工业地价空间插值结果分析

由 2008 年山东半岛城市群工业地价的高地价区分布在济南、淄博、潍坊、青岛、烟台、威海等地级市的市辖区范围，高价区分布相对集中且范围较小。整个半岛范围内，由城市中心向城市边界地带工业地价存在明显的由低到高的集聚分布。地价分布比较均衡，高价位地区较少，中低价位地区较广，每个地级市和下属市镇都有高价位到低价位的梯度变化。济南、淄博和烟台辖区范围内工业用地的价格差距比较大，说明境内适合工业发展的优良地块分布集中。价格高低的边界与所在县市边界有一定的耦合关系，说明工业地价分布与县市整体发展水平直接相关。济南、淄博、潍坊、青岛和烟台等地均为山东半岛城市群空间结构中的中心节点，是城市群的中心度较高的城市，与其工业地价的分布式相匹配。商河、济阳、利津、临朐、昌乐、海阳及牟平等的工业地价较低，这些地区均位于距离地级市相对较远的地带，区域内农业和手工业发展较好，工业欠发达。

2012 年山东半岛地区的工业地价与 2008 年相比发生了一系列变化，工业地价明显上涨。原有的高价位片区扩大，仅个别地市如乳山、日照的部分地区不再处于高工业地价区域，这与乳山和日照在 2012 年时出现产业向旅游和商业地产开发等方面转型相一致。中等价位区域缩小，低价位区域扩大，地价两极化发展趋势扩大。在市场经济条件下，资本流向高回报行业或区域，上述表明高土地资本中心城市的工业区位优势更显著，中小城镇的工业发展环境有待提高。资源条件优越的沿海和靠近上级城镇的地区受到工业企业的青睐。地级市周边和沿海地区地价上涨幅度较大，内陆地区工业地价上涨较少。工业企业选址主要考虑地点是否接近市场、原材料、熟练工人和交通设施等，靠近沿海有利于出口贸易，靠近较大的城市便于找到熟练工人和获取技术信息。另外，物流的发展使原材料的运输变得便捷。在 2008 年工业地价处于低位的牟平的工业地价提高较快，表明地处沿海的烟台的工业用地需求增加并开始转向边远区县，1994 年牟平撤县设区为区内工业的发展提供了便利，基础设施也日趋完善。

与 2008 年和 2012 年的工业地价数据相比，2015 年的插值结果显示最高工业地价有所回落，甚至低于 2008 年的最高工业地价，最低工业地价继续上升，涨幅达 70%，中价位区扩展，工业用地价格的地区差距缩小。表明在我国小城镇化战略的推进下，工业用地的土地资本在整个半岛地区均有上升，一些相对偏远的城镇随着基础设施的完善，用地成本节约优势明显，逐渐被企业接受，土地价格上升，出现低工业地价地区范围缩小，山东半岛范围内工业地价趋于平稳。交通运输、物流等产业的发展和城镇化带来的熟练工人增加，促使工业选址不再依赖基础设施较好的大城市或交通枢纽，工业空间分布趋于分散，也表明山东半岛工业产业的景气程度下滑。

5.3.5.2　居住地价空间插值分析

根据插值的结果，2008 年山东半岛城市群居住地价总体较低，中高价位的地价片区面积不大，高价位主要集中在济南、青岛、烟台和威海的市区范围内，淄博、潍坊、日照等地的市区处于中等价位范围，其他地区多处于低价位，且价格差距不大。2008 年受调控政策和国际形势的影响，住宅投资数量下降，住宅价格趋于平稳，开发商开发数量受到一定影响，居住用地市场平淡。一些大城市的土地价格仍维持在高价位，中小城市的土地价格较低。与工业地价相比，高居住地价区域分布集中且片区较小。

2012 年居住地价最高价位数值下降，最低价位数值升高，因此山东半岛区域内价格差距进一步缩小。半岛内大部分地区价格都在低价位区域，且相差不大。高价位片区主要集中在济南和青岛市区，但高价位片区有外延的趋势。济南的高价位区域向东扩展；青岛的高价位区域沿海边向西扩展，有向城市群中心地带集中的发展趋势。

2015 年半岛居住地价与 2012 年相比整体上涨幅度不大，高价位区域范围缩小，低价位区域范围也缩小，大部分地区居住地价处于中等偏低的位置。这说明山东半岛的地价出现了纺锤形分布，大部分地区的居住用地价位趋同，而规模较大城市的土地需求仍在上升，但市场选择趋于理性和多样化。

5.3.5.3　商业地价空间插值分析

2008 年山东半岛城市群商业地价的特征是中高价位的区域比较少且分布比较集中，中等价位区域紧紧围绕高价位区域，处于离高价位区域较近的辐射带上。低价位区域范围较广，且差距不大。这说明 2008 年的商业活动主要集中在发展较快的城市之中，并且商业用地对外出让较少。除济南、青岛、烟台三个核心城市外，东营、寿光、主城、平度、胶南等地的商业活动较多，商业地价较高。

2010 年在国家政策的调控下，住宅投资受到了限制，一些房地产开发商和商业企业开始把投资转向商业地产，因此到 2015 年，商业用地对外出让的数量和价位都有较大增幅，并且中等价位的区域开始向次级市镇扩展，高价位区域范围扩大，低价位区域范围缩小。

5.3.5.4　地价整体变化趋势分析

由地价的变化趋势来看，克里金插值的地价空间分布结果基本与现实现象一致。山东半岛城市群地价整体呈现出济南、青岛及潍坊等核心城市地价高，次级城镇价位低，且具有明显的集聚分布现象。2008 ～ 2015 年，山东半岛城市群各类土地价格整体提高，2008 ～ 2012 年涨幅较大，2012 ～ 2015 年涨幅平稳。各类用地的高价区域始终分布在济南、青岛、烟台、淄博和潍坊等地级市的市区范围内。工业地价分布比较分散，中低价位分布在各个地市，覆盖范围比较广，虽然各地工业地价价位差距缩小，但多年来格局变化不大。各类地价都呈现出中高价位区域扩大、由集中向分散发展的趋势。

这说明工业用地土地资本在 2008 ～ 2015 年存在明显的增加和集聚现象。随着各类交通运输和物流的发展，核心城市的影响范围在扩大，次级市镇的区位差距在缩小，各地区土地资本逐步增加，尤其是次级市镇增幅较大。随着交通线的建设和交通通信技术的发展，市镇之间的基础设施差距缩小，在土地资本随之上升的同时，也带来了次级市镇发展的契机，对次级市镇的土地需求增加，部分工商企业开始转移。这都促使山东半岛城市群的空间结构发生改变，各城市有互相靠拢的空间发展趋势。核心城市土地资本集聚程度高，周边市镇有向其靠拢的要求，在其影响下，邻接市镇土地资本也有较快提高，集聚效应显现。工业地价水平与铁路、高速、国道、火车站、地铁站布局有密切关系。铁路路网密集地区和火车站地铁站附近工业地价高，其他地区工业地价低。高速公路及国道路网密集区及交叉区工业地价远远高于其他地区。因此，对交通运输线路的投入能够增加土地资本，显著增强土地的功能和吸引力。

5.3.6 不同地区分类平均地价对比

（1）地价总体变化趋势分析。

选取 2008~2015 年山东半岛城市群内地价样点数据，分市辖区、市新区、次级市县三类计算不同用地类型的平均地价，其中市辖区指的是地级市市区范围内的成熟老市区，市新区指的是 2000 年之后改撤市县为区的区域，次级县市指的是地级市下设的市县。按照地理位置分布排列坐标轴，做出各年地价变化趋势图，通过图表能够直观地看到山东半岛城市群由西向东地价的起伏变化。从所得数据来看，2008~2015 年，地价总体是逐步上升的，2008~2011 年的地价上升幅度较大，2011 年之后上升幅度较小。

由 2008 年、2012 年及 2015 年山东半岛各地工业、商业及居住地价对比图（见图 5-6、图 5-7 及图 5-8）中可以看出，各年份工业地价上涨幅度较小，地区之间差异不明显。核心城市如济南、青岛等的工业地价高于其他城市但差距不大，工业地价整体价位较低。济南市的工业、商业和居住地价始终稳步增长，并在山东半岛处于较高的位置，与其他地市的地价差距稳定。2008 年，东营、青岛、烟台、威海和济南的商业地价明显高于其他地市，与沿海及环渤海地区在国家经济战略中的地位提高有一定关系。2012 年，上述地市的商业地价仍属于山东半岛中的高价位，但是东营、潍坊、烟台、威海等地的高价位趋势回落，青岛和济南的商业地价明显高于周边县市。2015 年，仅青岛和济南的商业地价略高于其他地区，且与其他地区的差距缩小。由此可以看出山东半岛城市群在 2012 年之后的商业地产整体转冷。青岛和济南居住地价始终保持较高的价位并与周边地市有一定的差距，且差距逐年扩大。而其他地市的核心区域次级市镇之间也存在着居住地价差，差距先增加后趋于平缓。各地工业地价差距较小，涨幅较小；商业和居住用地价格差距较大，涨幅较大。

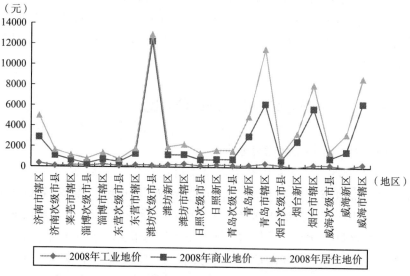

图 5-6 2008 年山东半岛各地工业、商业及居住地价对比

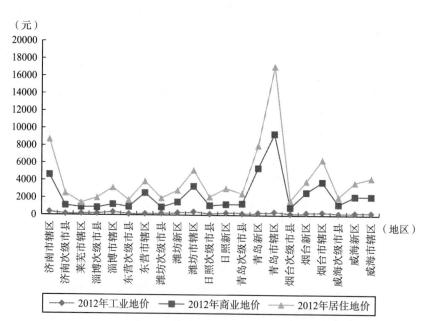

图 5-7 2012 年山东半岛各地工业、商业及居住地价对比

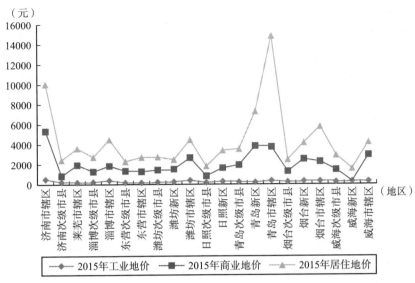

图5-8 2015年山东半岛各地工业、商业及居住地价对比

（2）工业地价变动分析。

由图5-9可以看出，2008~2015年山东半岛区域范围内工业地价不断上升，但上升幅度不大，各地级市的工业地价绝对值相差不多，地价

113

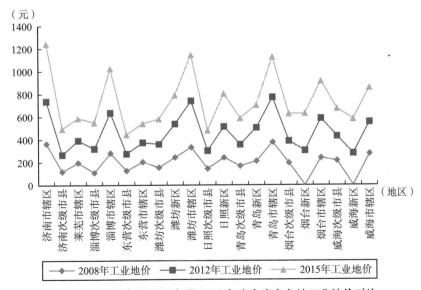

图5-9 2008年、2012年及2015年山东半岛各地工业地价对比

空间分布格局也较稳定。由中心城市向次级市县有明显的地价集聚分布现象，越靠近核心城市的位置，地价越高，离核心城市越远，工业地价越低。部分地级市的新区虽然不是核心城区，但是工业地价也非常高，如青岛的崂山区和黄岛区。由于工业渐渐淡出城市核心地带，地理位置最靠近城市的核心区县就成为一些小型工业的最佳选择。2008 年以来，不同区域的地价格局变动不大，市辖区内工业地价最高，个别地区高点出现在新区如潍坊，这与当地新区的发展水平和发展重心有关。同时，也说明山东半岛地区总体土地资本水平较高，无论是市区还是郊县的基础设施等比较完善，各地都存在工业用地需求。

通过计算，由表 5 – 15 可以看出，2015 年地级市辖区内工业平均地价高于次级市镇 122% ~ 24% 不等，仅东营低于次级市镇。济南、日照、潍坊差距较大，价差在 80% 以上，威海、烟台差距较小，青岛居中。由此数据可以说明地级市辖区内资源优势明显，工业地价水平明显高于周边郊县。主要的沿海城市差距比较小，说明这些地区工业活动联系紧密程度高于其他地级市。对比 2008 年、2012 年及 2015 年的比例关系可以看出，大多数城市与次级市镇的工业地价差距在逐年缩小，有些甚至出现低于次级市镇的情况。

表 5 – 15　　　　　地级市与下级市镇工业平均地价比例关系　　　单位：%

年份	济南	东营	青岛	日照	威海	潍坊	烟台	淄博
2008	207	61	124	70	28	115	23	157
2012	153	15	111	66	30	99	81	69
2105	122	– 2	53	85	24	82	36	69

（3）商业地价变动分析。

在山东半岛内的各个地区商业地价水平都高于工业地价（见图 5 – 10），且 2008 年潍坊新区商业地价超过每平方米 1 万元，在 2012 年回落到正常水平。由图 5 – 10 可以看出，济南、青岛、烟台及威海等地市辖区商业地价远远高于其他地区。商业土地需求对人口流动量的要求比较高，繁华的市中心土地需求量大而数量有限，所以市中心的商业地价很高。而次级市县人口密度小，对商业的需求也少，价位较低，与核心城市价位相差较大。因此，商业土地资本的价值与区位和人口密度有很强的关系，并且地价级差落差较大，呈现出价格悬崖的状态。

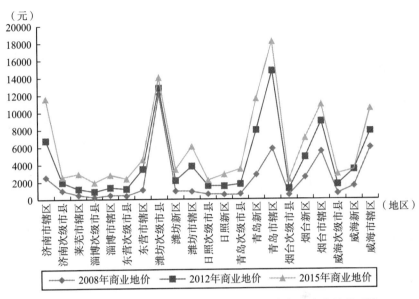

图 5－10　2008 年、2012 年及 2015 年山东半岛各地商业地价对比

2008、2012、2015 年地级市城区每年的商业平均地价基本都比次级市镇高（见表 5－16）。随着时间推移，济南、日照等地市差距扩大外，甚至高出 6 倍多，青岛、威海、烟台、淄博、潍坊等地市差距都有所缩小，属于较合理的差幅。随着次级市镇人口的增加和购买力的增强，商业活动也开始向次级市镇转移。而济南在 2009 年之后开始了城市市容改造，一些处于市中心核心位置的旧房屋在拆除后出让，这些地区商业地块多且地价高。

表 5－16　　　　　　地级市与下级市镇商业平均地价比例关系　　　　　单位：%

年份	济南	东营	青岛	日照	威海	潍坊	烟台	淄博
2008	154	177	830	176	776	－93	975	95
2012	340	193	687	68	83	308	385	34
2015	684	—	97	384	116	87	85	40

（4）居住地价变动分析。

2008、2012、2015 年山东半岛各地居住用地地价整体上升，涨幅平缓，变化趋势平稳（见图 5 – 11）。青岛居住地价多年来稳居首位，济南、烟台及威海的市辖区居住地价略高于其他地区。各地市市辖区与次级县市居住地价有一定的落差，但各地差幅接近。居住用地市场整体发展平稳，供需稳定。由于住宅类房地产需求量比较大，且需求结构稳定，因此每个地市价格增幅都比较稳定，并且地价布局结构多年来几乎没有变化，说明山东半岛的人口分布和就业规律在这一段时期没有出现大的变动。住宅土地资本受多种因素影响，需要具备各种生活设施来满足人们的多样化需求。高级的市镇能够提供更多的服务，土地资本价值高，居住用地土地价格也高。

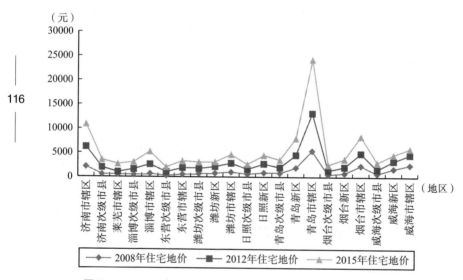

图 5 – 11 2008 年、2012 年及 2015 年山东半岛各地住宅地价对比

山东半岛的城市居住用地地价一直变化平稳。与工业和商业用地相比，2015 年居住用地的价格与 2008 年相比，整体差幅是缩小的。青岛和淄博的价格差幅略有上升，且青岛市差幅一直在较高的水平。烟台和济南的居住用地价格差幅都由 2008 年的 3 倍左右（见表 5 – 17）下降至 2 倍左右。随着时间的推移，工业地价逐渐上升，工业土地资本不断增加。高工业地价的覆盖范围增加，空间范围扩大，次级中心慢慢崛

起，这与交通进步有关。核心城市综合地价高，呈明显集聚分布，但居住用地价格的差别较大，商业工业其次，工业地价差距最小，大部分地区的涨幅与同行政级别城市接近，个别地区地价上升快。在交通的支持下，腹地开始充分利用，内陆城市的土地资本有所增长。济南片区和烟台威海片区有明显集中发展趋势。

表 5 - 17　　　　地级市与下属市镇居住用地平均地价比例关系　　　　单位：%

年份	济南	东营	青岛	日照	威海	潍坊	烟台	淄博
2008	293	103	576	142	248	44	347	41
2012	190	71	571	154	148	79	217	71
2015	195	49	597	110	- 12	35	196	79

5.3.7　小结

通过对山东半岛城市群工业用地、居住用地和商业用地土地价格的观察发现，三类价格有逐年上升的趋势，其中居住地价和商业地价变化明显，工业变动幅度较小；沿东海城市土地资本集聚程度相对较高，内陆地区相对较低。东营的工业地价在 2014 年呈现拐点，出现先上升后下降的趋势。烟台、东营及潍坊等地在 2007 年工业地价较高，这与政策因素有一定关系。土地资本分布与城市中心度的结果基本一致，高土地资本区域的中心度高。

地理信息系统的地统计学空间插值分析表明，山东半岛城市群土地价格分布呈集聚变化，并且变化规律与城市等级和规模有直接关系。不同用地类型的土地价格变化规律有所不同，工业用地整体价位低，地价差幅小，居住用地次之，商业用地差幅较大。因此，商业用地土地资本集聚度最大，其次是居住用地和工业用地。研究结果表明，随着时间的推移，土地资本不断集聚，并且各种用途的土地资本都有差幅下降的趋势。土地资本与人口密度、交通时间、城市边界及城市在空间网络中的地位等之间存在相关关系的可能，土地资本先于城市群空间结构要素变化，并且城市群空间结构的变化趋势是人口集聚，交通时间下降，经济联系紧密，可认为是优化的一种体现。

5.4 山东半岛城市群土地资本集聚与空间结构相关性分析

5.4.1 数据来源

5.4.1.1 土地资本数据

土地价格是土地资本的市场化表现，土地价格的高低体现了土地的成熟度和给产权人带来的收益。虽然土地价格不能完全等同于土地资本，但土地价格的变化规律与土地资本是基本一致或者滞后一致的。本书在进行相关性分析时，主要以地级市为分析对象，采用地级市的平均地价来体现土地资本的大小。根据宗地的等级、面积、容积率和使用年限等打分，求取每宗土地的权重，采用的是加权平均法计算平均地价。本书采用山东半岛城市群各地级市的分类平均土地价格及宏观数据，样本为济南、青岛、淄博、东营、烟台、潍坊、威海、日照和莱芜。由于土地出让在 2007 年之后才广泛采取"招拍挂"的形式，市场化程度大大加强，因此，样本时间跨度为 2007～2015 年。土地价格指标来源于相关年份国土资源局公布年度土地出让的价格信息，结合土地级别权重计算不同城市不同用地类型的年平均价格。

5.4.1.2 城市群空间结构指标计算

（1）城市群空间结构指标构成体系。

城市群空间结构是一个非常复杂的体系，空间结构的优劣很难用统一的方法进行量化。为得到城市群空间结构的量化结果，对城市群空间结构最重要的构成要素进行分析，选取具有代表性的指标数据，使用熵权法计算出空间结构综合指标。根据世界银行 2009 年经济地理发展报告的划分方法，将区域之间的空间关系划分为密度、距离和分割三个方面，如表 5-18 所示。为体现城市群成员城市之间的空间关系，本书也将指标按空间密度、空间容量和空间联系这三个方面进行分类筛选，同时体现经济、社会和生态状况三方面。空间密度方面分别采用人口密度、人均地区生产总值、人均固定资产投资及建成区绿化率体现考察区

域内的人口、经济、环境的密度情况；空间容量方面采用年末建设用地
面积、建成区绿化覆盖面积、年末学生在校人数、医院床位数等指标体
现考察区域的土地及公共基础设施可供城市人口利用的总量，用以体现
城市空间结构的规模；空间联系方面采用的是城市流经济联系指标、年
末客运和货运总量及年末城市实有道路面积的数量来体现城市之间物
质、信息、人口等方面的交流频繁程度。在获取数据时，根据指标的特
点和对城市群空间结构的说明性，选取市辖区指标或全市指标。市辖区
指标主要是体现中心城区范围内发展水平的指标，体现中心城市的整体
实力。由于城市全市范围内区域发展不平衡，有的地级市整体发展比较
均衡，有些则出现两极化特征。全部选取全市指标或市辖区指标不能客
观地体现地级市整体发展状态，因此地级市发展层次的指标选取市辖区
范围指标，主要包括人口密度、建成区绿化覆盖率、建设用地比率等，
体现地级市发展总量的选取全市范围指标。

表 5－18　　　　　　　　城市群空间结构指标构成

准则层	指标层	变量	效应	指标范围
网络密度	市辖区人口密度（人/平方公里）	y1	社会	市辖区
	人均地区生产总值（万元/人）	y2	经济	全市
	人均地区生产总值增长率（%）	y3	经济	全市
	人均固定资产投资（万元/人）	y4	经济	全市
	建成区绿化覆盖率（%）	y5	环境	市辖区
	年末城镇建设用地比率（平方公里）	y6	社会	市辖区
网络容量	城镇就业人数（万人）	y7	社会	全市
	工业总产值（万元）	y8	经济	全市
	工业用电量（万千瓦时）	y9	经济	全市
	年末金融机构各项贷款余额（万元）	y10	经济	全市
	年末高校在校生数（人）	y11	社会	全市
	年末小学在校生数（人）	y12	社会	全市
	公共图书数量（万册）	y13	社会	全市
	影院数量（个）	y14	社会	全市
	医院床位数（个）	y15	社会	全市

准则层	指标层	变量	效应	指标范围
	经济联系强度	y16	经济	全市
	年末客运总量（万人）	y17	经济	全市
网络联系	年末货运总量（万吨）	y18	经济	全市
	年末实有城市道路面积（万平方米）	y19	社会	全市
	国际互联网接入户数（户）	y20	社会	全市

（2）基于熵权法的城市群空间结构综合指数。

熵权法是一种客观赋权的方法，是利用模糊综合评价矩阵和各因素的输出熵来确定各因素的权系数的一种有效方法，能够避免基于主观因素确定权重产生的偏误。因此，本书应用该方法测度城市群空间结构的综合情况，对原始数据进行无量纲化处理，如式（5.10）所示。其中，X_{ij} 表示第 i 个省份第 j 个城市群空间结构指标的取值。

$$U''_{ij} = \frac{X_{ij} - \min(X_{ij})}{\max(X_{ij}) - \min(X_{ij})} \quad i = 1, 2, \cdots, m, \ j = 1, 2, \cdots, n$$

（5.10）

通过 $U'_{ij} = 1 + U''_{ij}$ 对无量纲化数据进行坐标平移，之后通过 $U_{ij} = U'_{ij} / \sum_{i=1}^{m} U'_{ij}$ 计算第 i 个省份第 j 个城市群空间结构指标的比重，并计算第 j 个城市群空间结构指标的熵值 E_j 和差异系数 F_j，如式（5.11）所示。得出差异系数后，则可通过 $W_j = F_j / \sum_{i=1}^{n} F_j$ 计算第 j 个城市群空间结构指标在综合指标中的权重，通过 $NU_i = \sum_{j=1}^{n} W_j U_{ij}$ 得到城市群空间结构综合指数。

$$E_j = -\frac{1}{\ln m} \sum_{i=1}^{m} U_{ij} \ln(U_{ij}), F_j = 1 - E_j \qquad (5.11)$$

根据熵权法计算出 2007 ~ 2014 年山东半岛城市群空间结构综合指数及排名。可以看出，大多数年份空间结构综合指数的排名依次是青岛、济南、烟台、淄博、潍坊、威海、东营、日照和莱芜。

5.4.2　面板数据回归分析

5.4.2.1　研究方法

在进行山东半岛城市群土地资本与城市群空间结构之间的相关关系研究时，主要利用 STATA 软件对截面数据进行广义最小二乘法（GLS）回归分析，检验不考虑空间相互作用时土地资本与空间结构综合指标的相关程度；同时利用空间计量的方法对土地资本与空间结构之间的空间相关性进行检验。

采用多元回归方法，建立研究山东半岛各地级市空间结构综合指标、商业地价、工业地价和居住地价面板数据多元回归模型。为进一步获取空间结构与地价之间的具体相关信息，将空间结构综合指标进行分解，分别将空间结构综合指标的构成要素与商业地价、工业地价和居住地价构建面板数据多元回归模型。依据对模型解释变量系数和截距项限制的不同，面板数据回归模型分为变系数回归模型、变截距回归模型、综合回归模型等。其中，本书采用的是综合回归模型，假设解释变量系数和截距项对于所有的研究样本个体都是完全相同的，即假设模型在个体成员上无个体影响和无结果变化。由于研究中的个体方程存在较大可能的相关性，因此采用系统方程中的 GLS 估计方法。采用面板模型如下：

$$Y = X\beta + u \tag{5.12}$$

其中，u 的协方差矩阵为：

$$\Omega = E(uu') = E\begin{pmatrix} U_1 U_1' & \cdots & U_1 U_n' \\ \vdots & \ddots & \vdots \\ U_n U_1' & \cdots & U_n U_n' \end{pmatrix}_{(nt \times nt)} \tag{5.13}$$

5.4.2.2　城市群空间结构综合指标回归分析结果

对商业用地价格（sp）、工业用地价格（gp）和居住用地价格（zp）与城市群空间结构指数（y）构建 GLS 模型进行回归分析。回归结果显示在置信度为 0.05 水平上 F 检验的 P 值为 0，模型的整体拟合度较好，从一定程度上体现了土地价格与城市群空间结构之间存在

121

相关关系。商业用地价格、工业用地价格和居住用地价格的相关系数和标准差数值都较小，在95%的置信区间仅工业用地价格P值为0，通过显著性检验，其系数为正，说明工业用地的价格对空间结构的综合影响在时间序列上是正相关的，二者存在时间依赖。

由表5-19所示的回归结果来看，工业地价系数相关性检验P值为0，标准差0.000018为较小，拟合较好，表明与城市群空间结构综合指标显著相关。因此，可以认为山东半岛城市群空间结构综合指标与工业地价存在相关关系，并且当地价上升一个百分点，空间结构综合指数上升0.0000718个百分点。

表5-19 空间结构综合指标 GLS 回归分析结果

自变量	当期				滞后一期			
	相关系数	标准差	z	P值	相关系数	标准差	z	P值
sp	3.18e-06	1.81e-06	1.75	0.079**	5.25e-06	1.48e-06	3.55	0.000**
gp	0.0000718	0.000018	3.98	0.000**	0.0000598	0.000017	3.51	0.000**
zp	2.63e-06	2.06e-06	1.28	0.201**	4.84e-07	1.38e-06	0.35	0.027**
_cons	0.0769334	0.0043969	17.50	0.000**	0.0775902	0.0042131	18.42	0.000**

注：***、**、*分别表示在1%、5%和10%的水平下显著。

选择滞后一期进行检验，城市群空间结构综合指标整体上P值为0，在5%的置信区间内空间结构综合指标与商业地价、工业地价和居住地价显著相关。商业地价、工业地价和居住地价均与空间结构综合指数显著相关，相关系数分别为5.25e-06、0.0000598和4.84e-07，标准差和相关系数较小，因此可以认为三类土地价格对下一期的空间结构综合指数明显存在影响作用，但影响效应较微弱。三类土地价格对滞后一期的空间结构综合指标均存在显著相关性，即土地资本对滞后一期的空间结构存在一定的影响作用。

5.4.2.3 城市群空间结构综合指标的构成要素与三类地价的相关关系分析

将城市群空间结构综合指标的构成要素分别与三类土地价格做 GLS

回归分析，结果如下：

（1）空间密度层面。

选取的代表空间密度层面的指标有市辖区人口密度、人均地区生产总值、人均地区生产总值增长率、人均固定资产投资、建成区绿化覆盖率、年末城镇建设用地比率等指标。其中仅人均地区生产总值、人均地区生产总值增长率、人均固定资产投资、建成区绿化覆盖率、年末城镇建设用地比率等指标表现出与土地价格的 GLS 相关性。通过对这些指标与三类土地价格的相关性分析（见表 5 - 20）发现，山东半岛城市群市辖区人口密度与土地价格之间在 0.05 置信区间的 P 值为 0.0424，总起来显著相关，但分类地价与市辖区人口密度的相关性不明显。工业地价与人均地区生产总值负相关，商业和居住地价与之都不相关，这与我们对现实的观测不符。原因有可能是二者存在其他方面的相关关系，如空间相关关系，这将在后面做进一步分析。山东半岛人均地区生产总值与三类地价存在相关关系，其中工业地价与人均地区生产总值存在负向相关关系，商业地价和居住地价与人均地区生产总值的关系不显著，但居住地价与人均地区生产总值增长率存在显著正相关关系。人均地区生产总值体现区域的经济密度和综合经济实力；工业地价与人均地区生产总值存在的负相关关系与山东半岛产业结构构成有一定关系。目前山东省实体经济发展较缓慢，房地产业等基础性建设对地区生产总值的贡献较大，根据国家统计局网站公布的统计数据估算，2015 年山东半岛房地产投资是固定资产投资的 15% 左右，而住宅投资在房地产开发投资中占 70% 以上。住宅一直是普通百姓投资的重点，在个人对房地产投资中，80% 以上的资金流入住宅的投资，住宅投资占地区生产总值的比重达 10%。以资产投资为目的购买工业地产的情况极少，企业获取工业用地使用权的目的多以项目投资或者设立投资为主，看重土地的使用功能，土地价格计入企业成本，因此对工业地价反应敏感。在某些特殊情况下，为增强地区对企业的吸引力而刻意降低工业地价的情况也时有发生。因此，出现了工业地价与人均地区生产总值负相关的现象，以及居住地价与人均地区生产总值增长率正相关的情况。

表 5 – 20   人均地区生产总值与三类地价 GLS 回归结果

因变量		自变量	系数	标准误差	z	P > |z|
人均地区生产总值（万元/人）	y2	sp	1.737192	6.959947	0.25	0.803 **
		gp	− 175.1545	69.05466	− 2.54	0.011 **
		zp	0.3429161	7.904265	0.04	0.965 **
		_cons	133453	16860.94	7.91	0.000 **
人均地区生产总值增长率（%）	y3	sp	0.0002685	0.0001796	1.50	0.135 **
		gp	0.0001428	0.0002196	0.65	0.516 **
		zp	0.0102931	0.0036773	2.80	0.005 **
		_cons	8.000889	0.9613134	8.32	0.000 **

注：*** 、** 、* 分别表示在 1%、5% 和 10% 的水平下显著。

山东半岛城市群商业地价与建成区绿化覆盖率存在显著正相关关系，而居住地价与建成区绿化覆盖率存在显著负相关关系（见表 5 – 21）。这说明商业地价越高，城市绿化率越高；居住地价越高，城市绿化率越低。高商业地价体现了投资人对城市商业土地资本的信心，同时也是对城市商业经营活动的乐观态度。经济的景气程度和居民的消费能力影响商业活动的活跃程度，而区域经济的发展和居民消费能力的提高也影响着财政的收入和政府及居民对城市生活环境的质量要求，进而体现在绿化率的高低上。居住地价的上升的原因比商业地价更为复杂，它更多地体现其作为投资品的资产价值。投资价值的提高说明了对其他投资方向的信心不足，而居住地价的提高则促使开发商压低其他成本，提高容积率，进而造成绿化率的降低。

表 5 – 21   建成区绿化覆盖率与三类地价 GLS 回归结果

因变量		自变量	系数	标准误差	z	P > |z|
建成区绿化覆盖率（%）	y5	sp	1.440827	0.7345726	1.96	0.050 **
		gp	− 0.5768645	7.288225	− 0.08	0.937 **
		zp	− 1.992455	0.8342386	− 2.39	0.017 **
		_cons	8876.483	1779.552	4.99	0.000 **

注：*** 、** 、* 分别表示在 1%、5% 和 10% 的水平下显著。

山东半岛城市群年末城镇建设用地比率指标与当期的土地价格不存在明显的相关关系（见表5-22）。滞后一期的工业地价与建设用地比率存在显著正相关，相关系数为0.0223332。工业地价的提高，一方面体现了工业土地资本的上升，说明基础设施和园区建设逐步成熟，呈现出地方化特征，工业的发展必然带来对工人需求的增加和各类设施的建设需求，进而促使建设用地比率提高；另一方面促使工业用地向郊区扩展，征收农村土地以满足工业用地的需求。

表5-22　　　年末城镇建设用地比率与三类地价 GLS 回归结果

因变量	自变量	当期				滞后一期			
		相关系数	标准差	z	P 值	相关系数	标准差	z	P 值
年末城镇建设用地比率（平方公里）y6	sp	-0.0014263	0.0010611	-1.34	0.179**	-0.0014373	0.000889	-1.62	0.106**
	gp	0.0104117	0.0105275	0.99	0.323**	0.0223332	0.0102203	2.19	0.029**
	zp	0.0010853	0.001205	0.90	0.368**	0.0005606	0.0008313	0.67	0.500**
	_cons	7.193552	2.570486	2.80	0.005**	4.76409	2.530018	1.88	0.060**

注：***、**、*分别表示在1%、5%和10%的水平下显著。

（2）网络容量层面。

网络容量层面的指标包括城镇就业人数、工业总产值、工业用电量、年末金融机构各项贷款余额、年末高校在校生数、年末小学在校生数、公共图书数量、影院数量、医院床位数等。其中，山东半岛城市群的城镇就业人数、工业总产值、年末金融机构各项贷款余额、年末高校在校生数、年末小学在校生数、公共图书数量、影院数量、医院床位数等体现出与区域内平均土地价格的相关性，其他指标与地价的相关性不显著。

当期的山东半岛城市群商业地价和居住地价与年末单位从业人员数显著正相关，滞后一期的商业地价和工业地价与年末单位从业人员数存在显著正相关的关系（见表5-23）。表明商业土地资本的大小与就业人数相系密切。商业土地资本高说明商业活动活跃，城市商业活动本身属于劳动密集型产业，所需劳动人口较多，也会带动制造业、农业和各类服务业的就业增加。当期居住地价与城市就业人数也呈显著正相关关系，这与就业人口增加所需居住场所和工作场所增加的情况一致。滞后一期相关说明山东半岛居住类土地资本的增加、可供人类活动的空间扩大对人口流动有一定的促进作用。山东半岛城市化水平尚处于初级阶段，2015 年城市化率在 34% 与发达地区的 50% 左右仍存在一定差距，因此，尚未完成城市化的区域居住类土地资本增加可以增加城市的向心力，促使城市人口增加，城市空间扩大。

表 5 - 23　　　　年末单位从业人员数与三类地价的 GLS 回归结果

因变量	自变量	当期				滞后一期			
		相关系数	标准差	z	P 值	相关系数	标准差	z	P 值
城镇就业人数（万人）y7	sp	0.0031921	0.0033921	0.94	0.347 **	0.0089679	0.0028993	3.09	0.002 **
	gp	0.2499909	0.0336551	7.43	0.000 **	0.231875	0.0333323	6.96	0.000 **
	zp	0.0095561	0.0038523	2.48	0.013 **	0.0021326	0.0027112	0.79	0.432 **
	_cons	− 29.72491	8.217498	− 3.62	0.000 **	− 28.95043	8.251376	− 3.51	0.000 **

注：*** 、** 、* 分别表示在 1% 、5% 和 10% 的水平下显著。

山东半岛区域内当期三类平均地价与工业总产值均有显著相关性（见表 5 - 24）。商业地价和工业地价与工业总产值相关系数为正，相关系数分别为 11.28171 和 0.9620264。居住地价与工业总产值之间存在显著负相关，相关系数为 - 8.940216。滞后一期的商业地价和居住地价与工业总产值也存在显著正相关性，相关系数分别为 0.6969139 和 0.2285432。表明商业和工业地价上升时，随着土地资本的增加，工业总产值不断上升。商业和工业土地资本都与工业活动息息相关，从一定程度上体现了工业产品的销售和成本。滞后一期的工业地价与工业总产值之间也存在相关关系，说明随着工业土地资本的上升，在地方化和城市化效应下，工业总产值会不断增加。当期居住地价与工业总产值之间负相关，滞后一期居住地价与工业总产值负相关，表明当期的居住价格高会直接增加工业活动成本，影响工业投资和总产值，但随着居住土地资本的增加，居住设施不断完善，人口密度和劳动力的增加会反过来促进工业总产值的增加。

表 5 - 24　　　　　工业总产值与三类地价的 GLS 回归结果

因变量	自变量	当期				滞后一期			
		相关系数	标准差	z	P 值	相关系数	标准差	z	P 值
工业总产值（万元）y8	sp	11.28171	3.197041	3.53	0.000**	0.6969139	0.0751195	9.28	0.000**
	gp	0.9620264	0.063659	15.1	0.000**	0.4105039	0.8636308	0.48	0.635**
	zp	-8.940216	3.008552	-2.97	0.003**	0.2285432	0.0702476	3.25	0.001**
	_cons	-271.1257	267.6329	-1.01	0.311**	-133.3222	213.7906	-0.62	0.533**

注：***、**、* 分别表示在 1%、5% 和 10% 的水平下显著。

全市年末金融机构各项贷款余额体现了区域经济活力和空间结构规模的大小（见表 5 - 25）。年末金融机构各项贷款余额与三类地价 GLS 分析结果可以看出 P 值为 0，总体上年末金融机构各项贷款余额与三类地价存在相关关系。具体来看，工业地价和居住地价 P 值均小于 0.05，但标准差较大，因此只能初步认为工业地价和居住地价与市辖区年末金融机构各项贷款余额的相关关系较商业地价显著。滞后一期回归的结果类似，工业地价和居住地价对下一期全市年末金融机构各项贷款余额均显著产生同向影响。工业土地资本和居住土地资本与年末金融机构各项贷款余额相关度高，在一定程度上体现了山东半岛城市群投资的结构，工业和居住土地资本的提高吸引了大量的投资，也是回报率较高的用地类型。商业土地资本虽然与金融联系密切，但目前在山东半岛城市群内并未受到投资者的青睐。

表 5 - 25　　全市年末银行贷款余额与三类地价的 GLS 回归结果

因变量	自变量	当期				滞后一期			
		相关系数	标准差	z	P 值	相关系数	标准差	z	P 值
年末金融机构各项贷款余额（万元）y10	sp	1649.776	1942.083	0.85	0.396**	1990.32	1672.311	1.19	0.234**
	gp	73086.62	19268.8	3.79	0.000**	78638.38	19226.15	4.09	0.000**
	zp	9035.837	2205.582	4.10	0.000**	6628.085	1563.853	4.24	0.000**
	_cons	-1.95e+07	4704826	-4.15	0.000**	-2.05e+07	4759408	-4.32	0.000**

注：***、**、* 分别表示在 1%、5% 和 10% 的水平下显著。

年末高校在校生数、年末小学在校生数、公共图书数量、影院数量及医院床位数等指标主要体现的是城市公共基础服务方面的投入。通常情况下，城市公共基础设施的规模与城市人口数呈正比例关系，但随着经济的发展和财政收入的增加，这个比例也会有所增加，进而提升城市土地资本。年末高校在校生人数体现了城市的整体教育水平和与外界交流的能力，并且高校毕业生的增加能够有效增加本地对受高学历人口的吸引力，提升劳动力素质。高校在校生人数的提高一方面体现了城市的基础设施和向心力，另一方面体现了城市在城市群中的空间地位。通过分析，高校在校学生人数与商业地价和工业地价显著正相关，与滞后一期的三类地价的相关度显著增强（见表5－26）。滞后一期的商业地价和工业地价对高校在校学生数产生正向影响，而居住地价对高校在校生人数产生负向影响。全市年末小学生在校人数仅与工业地价存在正相关关系。以上分析结果表明，土地资本对高等教育的影响较大，随着土地资本增值，城市的综合实力增强，能够提供的信息和服务增加，城市产业多元化带来高校对学生吸引力的增加。小学生人数体现的是基础教育，主要是满足本地居民的教育需求。值得注意的是居住地价与高校在校生人数负相关，表明随着居住土地资本的增加，占土地利用效率偏低的低密度高校逐渐搬离市区或者迁往新区。居住小学生在校人数与工业地价正相关，说明随着工业土地资本的增加，工业的繁荣带来青年新增就业人口，进而对小学在校人数产生影响。

表5－26　　在校生人数（全市）与三类地价的 GLS 回归结果

因变量		自变量	当期				滞后一期			
			相关系数	标准差	z	P 值	相关系数	标准差	z	P 值
年末高校在校生数（人）	y11	sp	55.13085	26.50804	2.08	0.038**	52.58144	21.91534	2.40	0.016**
		gp	531.9434	263.0054	2.02	0.043**	617.8841	251.9553	2.45	0.014**
		zp	−51.7493	30.10462	−1.72	0.086**	−44.60289	20.49402	−2.18	0.030**
		_cons	−83171.92	64217.52	−1.30	0.195**	−125443.4	62371.18	−2.01	0.044**
年末小学在校生数（人）	y12	sp	−0.0001102	0.0019309	−0.06	0.954**	5.86e−06	0.016294	0.00	0.997**
		gp	0.121238	0.0191575	6.33	0.000**	0.1218625	0.018734	6.51	0.000**
		zp	0.0014347	0.0021928	0.65	0.513**	0.000767	0.001538	0.50	0.615**
		_cons	−11.36144	4.677639	−2.43	0.015**	−12.24669	4.637422	−2.64	0.008**

续表

因变量	自变量	当期				滞后一期			
		相关系数	标准差	z	P 值	相关系数	标准差	z	P 值
公共图书数量（万册）y13	sp	0.0022247	0.0066233	0.34	0.737 **	0.0075175	0.005826	1.29	0.197 **
	gp	0.2034798	0.0657145	3.10	0.002 **	0.174227	0.067014	2.60	0.009 **
	zp	0.003746	0.0075219	0.50	0.618 **	− 0.002748	0.005415	− 0.50	0.615 **
	_cons	− 9.205999	16.04538	− 0.57	0.566 **	− 3.302937	16.59105	− 0.20	0.842 **
影院数量（个）y14	sp	0.0026812	0.0019884	1.35	0.178 **	0.0035134	0.017064	2.06	0.040 **
	gp	0.0556763	0.0197286	2.82	0.005 **	0.0411861	0.019683	2.10	0.036 **
	zp	− 0.000728	0.0022582	− 0.32	0.747 **	− 0.001056	0.001558	− 0.66	0.510 **
	_cons	− 1.758393	4.817089	− 0.37	0.715 **	− 0.023065	4.856487	− 0.00	0.996 **
医院床位数（个）y15	sp	129.5012	28.67107	4.52	0.000 **	0.6584129	0.858491	0.77	0.443 **
	gp	1.713617	0.5708962	3.00	0.003 **	107.7826	9.869861	10.92	0.000 **
	zp	− 21.52267	26.9807	− 0.80	0.425 **	0.4581534	0.802816	0.57	0.568 **
	_cons	− 13398.07	2400.132	− 5.58	0.000 **	− 14050.81	2443.271	− 5.75	0.000 **

注：***、**、*分别表示在1%、5%和10%的水平下显著。

129

全市公共图书馆藏书数量和影院数量体现了城市文化服务的情况。由于公共图书的配置与城市发展水平和总人口数有一定的配比关系，因此体现了城市空间结构的人口和规模。对全市公共图书数量与三类地价进行回归分析，表明三类地价与图书拥有量之间相关关系显著。工业地价与全市公共图书馆藏书数量之间相关系数为0.2034798。滞后一期的工业地价对公共图书数量有显著影响，表明工业资本的提升对下一期的公共图书馆藏书数量产生正向影响。影院数量与三类地价之间存在显著正相关关系，其中工业地价的 P 值为 0.005，相关系数为 0.0556763。滞后一期的情况下，商业地价和工业地价都对下一期影院数量产生显著正向影响，且标准差较小。医院床位数与商业地价和工业地价存在明显的相关关系。滞后一期的土地价格中仅工业地价对医院床位数产生影响。商业土地资本和工业土地资本的提高影响公共基础设施的配置，进而影响城市空间各类要素的容量。

（3）空间联系层面。

空间联系指标包括经济联系强度、年末客运总量、年末货运总量、年末实有城市道路面积及国际互联网接入户数。通过同样的回归分析结果表明，仅年末实有城市道路面积和国际互联网接入户数与土地价格存在显著相关关系，其他指标均未表现出显著相关性。商业土地价格与城市实用道路面积和建成区存在显著负相关关系 0.05 置信区间 P 值为 0.5450635。

国际互联网接入户数体现了城市信息化的普及程度，入户数的增加的原因一方面由于居民的文化水平和信息化能力提高，上网人群的比例增加；另一方面由住房户数的增加引起，体现了城市新增住宅和落户人口的增加，即城市居民住房的增加和居民活动范围的扩大引起的城市空间扩大。国际互联网接入户数与商业地价、工业地价和居住地价的回归结果如表 5-27 所示。在 0.05 的置信区间 P 值为 0，国际互联网接入户数与三类地价之间存在显著相关关系。具体来看，工业地价 P 值为 0.001，在 0.05 的置信区间显著相关，相关系数为 0.5450635，即工业地价每上升 1 个百分点会促使下一年国际互联网接入户数会增加 0.5450635 个百分点。对上述变量进行滞后一期数据的 GLS 回归，结果显示总体上 P 值为 0，三类地价标准差较小，工业地价和居住地价 P 值均大于 0.05，相关系数分别为 0.5733053 和 0.042567，即工业地价和居住地价均对下一期的国际互联网接入户数产生同向影响。

表 5-27　实用道路面积和国际互联网接入户数与三类地价的 GLS 回归结果

因变量	自变量	当期				滞后一期			
		相关系数	标准差	z	P 值	相关系数	标准差	z	P 值
年末实有城市道路面积（万平方米）y19	sp	0.5388175	0.3347084	1.61	0.107**	0.3775618	0.2841773	1.33	0.184**
	gp	1.704742	3.320884	0.51	0.608**	3.376632	3.267117	1.03	0.301**
	zp	-0.8004571	0.3801213	-2.11	0.035**	-0.5995587	0.265747	-2.26	0.024**
	_cons	3100.333	810.8537	3.82	0.000**	2621.987	808.7703	3.24	0.001**
国际互联网接入户数（户）y20	sp	0.0062939	0.0164874	0.38	0.703**	-0.0201334	0.0133051	-1.51	0.130**
	gp	0.5450635	0.1635832	3.33	0.001**	0.5733053	0.1529654	3.75	0.000**
	zp	0.0213394	0.0187244	1.14	0.254**	0.042567	0.0124422	3.42	0.001**
	_cons	-120.5368	39.9418	-3.02	0.003**	-124.7069	37.86637	-3.29	0.001**

注：***、**、* 分别表示在 1%、5% 和 10% 的水平下显著。

5.4.2.4 小结

表 5-28 表明山东半岛城市群区域内三类地价对空间结构指标构成要素产生不同程度的影响，总体来看，工业地价与各类指标的相关度较高，产生影响的空间结构要素较多。大多数工业地价会在即期和滞后期均与特定空间结构要素相关，表明不仅上一年的工业土地资本会影响当期的决定，而且当期的工业土地资本也会随时影响当期的行为。有一些体现空间结构的重要指标如人口密度、固定资产投资及房地产投资等并未如设想的那样受土地资本影响较大，这是因为一方面对这些指标产生直接影响的还有其他因素，另一方面山东半岛尚处于不断发展过程中，土地资本集聚与空间的耦合性尚待完善，土地资本与空间结构要素的关系未明显体现。山东半岛城市群土地价格对网络容量的影响较好，对网络密度和联系的影响较小。说明山东半岛城市群的空间结构尚处于演变完善过程中，空间网络的建立还处于早期阶段。土地资本集聚主要影响的是城市群空间的承载力，即网络容量，而城市之间的联系，城市网络的利用效率等尚有较大的改进空间。

131

表 5-28　　　　　　　空间相关性分析汇总

	空间结构指标		商业地价		工业地价		居住地价	
			当期相关	滞后一期相关	当期相关	滞后一期相关	当期相关	滞后一期相关
	空间结构综合指标	Y			●	●		
网络密度	市辖区人口密度（人/平方公里）	y1						
	人均地区生产总值（万元/人）	y2			●			
	人均地区生产总值增长率（%）	y3					●	
	人均固定资产投资（万元/人）	y4						
	建成区绿化覆盖率（%）	y5					●	
	年末城镇建设用地比率（平方公里）	y6				●		

空间结构指标			商业地价		工业地价		居住地价	
			当期相关	滞后一期相关	当期相关	滞后一期相关	当期相关	滞后一期相关
网络容量	城镇就业人数（万人）	y7		●	●	●	●	
	工业总产值（万元）	y8	●		●	●		●
	工业用电量（万千瓦时）	y9						
	年末金融机构各项贷款余额（万元）	y10			●	●	●	●
	年末高校在校生数（人）	y11	●	●				●
	年末小学在校生数（人）	y12			●	●		
	公共图书数量（万册）	y13						
	影院数量（个）	y14		●	●	●		
	医院床位数（个）	y15	●		●	●		
网络联系	经济联系强度	y16						
	年末客运总量（万人）	y17						
	年末货运总量（万吨）	y18						
	年末实有城市道路面积（万平方米）	y19					●	●
	国际互联网接入户数（户）	y20			●	●		●

注：●表示具有相关性。

为进一步探讨地价与空间结构之间的关系，利用空间计量的方法探寻各项指标不同地级市在空间上的分布及相互影响。

5.4.3 空间相关性分析

5.4.3.1 研究方法和理论模型构建

利用 GLS 回归分析可以看出山东半岛城市群土地价格与城市群空间结构之间存在一定的相关性，认为土地价格与土地利用结构和空间结构之间存在互相影响的关系。为考察土地价格和各空间结构要素相互关系的特征，本书利用空间计量的方法进一步考察二者之间是否存在空间相关性。王鹤（2012）认为我国房价存在空间自相关，并且利用空间面板数据模型论证了房价的空间相关性后，认为我国东部地区房价基本由空间因素决定。邓慧慧（2013）运用空间面板的固定模型方法对城市居住价格的空间关联性进行了实证研究认为在研究房价影响因素中把空间相关性考虑进来可以减少结果偏差，我国城市房价存在显著的空间正相关性。教育、医疗、交通、环保等公共基础服务以及信息化程度等与土地资本存在显著的正相关关系，原因是城市策略制定者和城市居民会根据土地资本的大小选择未来的行为，如土地价格上涨改变城市居民的迁移和投资行为、地方政府为吸引人才和资本的城市优化行为以及投资者的投机行为土地价格和土地资本是密切相关的。长期以来，对于土地价格与城市群空间结构的研究忽略了土地价格对空间结构的影响。本节关注的问题是土地价格是否存在城市群空间溢出效应，如何衡量土地价格的空间溢出效应的大小及规律，以及土地价格对空间结构的影响路径及大小等问题。

空间溢出有正向溢出和负向溢出之分。利用空间计量经济学建模及估计技术，采用山东半岛城市群 2007～2015 年的区域宏观经济数据，设置多种空间权重矩阵表征山东半岛城市群土地价格与空间结构之间的关联模式，构建空间面板数据模型，采用空间回归模型偏微分方法（Spatial Regression Model Partial Derivatives），将土地价格对城市群空间结构要素的空间溢出效应分解为直接效应、间接效应及总效应，并分别利用它们衡量土地价格对空间结构的空间溢出效应。

（1）计量模型设定。

构建空间面板 Durbin 模型如下：

$$y = \alpha \ln + \beta x + \rho \omega y + \theta \omega x + \varepsilon \tag{5.14}$$

其中，被解释变量 y 为城市群空间结构分解要素；x 为土地价格，同时在实证研究过程中，加入了其他控制变量，如固定资产投资、地区生产总值等。α 为常数项，ln 为 n×1 阶单位矩阵，n 为地级市个数，ε 为误差项。ω 为空间权重矩阵，ωy 和 ωx 分别考虑了被解释变量和解释变量的空间依赖。在空间计量模型的估计结果中，若 ρ≠0，则对 ωy 和 ωx 的回归系数 ρ 和 θ 以及 x 的回归系数 β 的解释就与传统 OLS 回归系数的解释存在很大不同（Pace 等，2006；LeSage 等，2009），以上回归系数并不能直接衡量解释变量的空间溢出效应，这也是已有研究存在的重要问题。

（2）空间回归模型的参数释义与空间溢出效应分解方法。

为了对空间计量模型的回归系数进行合理解释，Pace 等（2006）、LeSage 等（2009）提出了空间回归模型偏微分方法。借鉴其方法，先将其模型改写为：

$$(I_n - \rho\omega)y = \alpha I_n + \beta x + \theta\omega x + \varepsilon \tag{5.15}$$

$$y = \sum_{r=1}^{k} S_r(\omega)x_r + V(\omega)\ln\alpha + V(\omega)\varepsilon \tag{5.16}$$

$$S_r(\omega) = V(\omega)(\ln\beta_r + \omega\theta_r) \tag{5.17}$$

$$V(\omega) = (I_n - \rho\omega)^{-1} = I_n + \rho\omega + \rho^2\omega^2 + \rho^3\omega^3 + \cdots \tag{5.18}$$

其中，I_n 是 n 阶单位矩阵；k 为解释变量的个数，x_r 为第 r 个解释变量，r = 1，2，…，k，β_r 为解释变量向量中第 r 个解释变量的回归系数，θ_r 表示 ωx 的第 r 个变量的估计系数。为了解释 $S_r(\omega)$ 的作用将式（5.17）写成式（5.18），某个地区 i 的 y_r 可以表示为式（5.20）。

$$\begin{pmatrix} y1 \\ y2 \\ \vdots \\ yn \end{pmatrix} = \sum_{r=1}^{k} \begin{pmatrix} S_r(\omega)_{11} & \cdots & S_r(\omega)_{1n} \\ \vdots & \ddots & \vdots \\ S_r(\omega)_{1n} & \cdots & S_r(\omega)_{nn} \end{pmatrix} \begin{pmatrix} x_{1r} \\ x_{2r} \\ \vdots \\ x_{nr} \end{pmatrix} + V(\omega)\ln\alpha + V(\omega)\varepsilon$$

$$\tag{5.19}$$

$$y_i = \sum_{r=1}^{k} \left[S_r(\omega)_{i1}x_{1r} + S_r(\omega)_{i2}x_{2r} + \cdots + S_r(\omega)_{in}x_{nr} \right]$$
$$+ V(\omega)\ln\alpha + V(\omega)\epsilon \tag{5.20}$$

根据式（5.20），将 y_i 对其他区域 j 的第 r 个解释变量 x_{jr} 求偏导得到式（5.21），将 y_i 对本区域内第 r 个解释变量 x_{ir} 求偏导得到式（5.22）：

$$\frac{\partial y_i}{\partial x_{jr}} = S_r(\omega)_{ij} \tag{5.21}$$

$$\frac{\partial y_i}{\partial x_{ir}} = S_r(\omega)_{ii} \tag{5.22}$$

其中，$S_r(\omega)_{ij}$ 衡量的是 j 市的第 r 个解释变量对 i 市被解释变量的影响，$S_r(\omega)_{ii}$ 衡量的是 i 市的第 r 个解释变量对本市被解释变量的影响。根据式（5.20）、式（5.21）可以发现，与 OLS 的估计系数相比，在空间回归模型中，若 j≠r，y_i 对 x_{jr} 的偏导数通常也并不等于 0，而是

取决矩阵 $S_r(\omega)$ 中的第 i，j 个元素。同时，y_i 对 x_{ir} 的偏导数也通常并不等于 β_r，因此某个地区解释变量的变化将不仅影响本地区的被解释变量，而且影响其他区域的被解释变量，根据 Pace 等（2006）、LeSage 等（2009）研究，前者可以称为直接效应（Direct Effect），后者称为间接效应（Indirect Effect），两者相加则为总效应（Total Effect）。

（3）空间相关性检验。

同多数空间计量文献一致，本书采用 Moran's I 指数（Anselin，1988）对土地价格（被解释变量）的空间相关性进行检验，如式（5.23）所示：

$$\text{Moran's I} = \frac{n \sum\limits_{i=1}^{n} \sum\limits_{j=1}^{n} \omega_{ij} (x_i - x)(x_j - x)}{\sum\limits_{i=1}^{n} \sum\limits_{j=1}^{n} \omega_{ij} \sum\limits_{i=1}^{n} (x_i - x)^2} = \frac{\sum\limits_{i=1}^{n} \sum\limits_{j=1}^{n} \omega_{ij} (x_i - x)(x_j - x)}{S^2 \sum\limits_{i=1}^{n} \sum\limits_{j=1}^{n} \omega_{ij}}$$

$$(5.23)$$

其中，

$$S^2 = \frac{1}{n} \sum\limits_{i=1}^{n} (x_i - x)^2 \qquad (5.24)$$

$$x = \frac{1}{n} \sum\limits_{i=1}^{n} x_i \qquad (5.25)$$

n 为空间单元的总数，ω_{ij} 为空间权重矩阵元素，x_i 表示第 i 空间单元的观测值。Moran's I 指数的取值范围为 [-1, 1]，大于 0 时表示存在空间正相关；小于 0 时表示空间负相关；若等于 0 则表示空间独立分布。Moran's I 指数绝对值表征空间相关程度的大小，绝对值越大表明空间相关程度越大，反之则越小。除了 Moran's I 指数，可以通过绘制 Moran 散点图以更加直观地描绘局域的空间集聚特征。

（4）空间权重矩阵设定。

空间单元之间的关联程度通过空间权重矩阵（Spatial Weight Matrix）来体现，空间权重的设置是空间计量的关键环节。目前常用的空间权重形式有三种：邻接空间权重、地理距离权重和经济空间权重。这三种空间权重分别从相邻关系、地理位置的接近程度和经济发展的差距等角度进行空间距离的判断，空间考察的依据和侧重点有所不同。本书在实证分析时将同时采用三种形式的空间权重矩阵，从多个角度分析土地价格的分布规律和空间关联模式，并对不同空间权重下的计量结果进行对比。在后面的分析中，空间邻接权重矩阵（W_1）的元素 ω_{ij} 在空间单元

i 和 j 相邻时取值为 1；若不相邻则取值为 0。地理距离空间权重矩阵（W_2）采用地理距离平方的倒数来构造，地理距离以市政府所在地之间的公路距离测量。经济空间权重矩阵（W_3）选择地区间人均实际地区生产总值的差额作为测度，地区间"经济距离"的指标 $W_3 = W_2 \cdot E$。其中，E 是描述地区间差异性的一个矩阵，其矩阵元素用样本考察期各地级市人均地区生产总值均值之差绝对值的倒数表示。

5.4.3.2　空间相关性检验

本书采用邻接空间权重、地理距离权重和经济空间权重三种空间权重分别计算山东半岛城市群各地级市工业、商业和居住用地的年平均土地价格的 Moran's I 指数空间相关性进行了全局自相关和局部自相关检验。

表 5－29、表 5－30 及表 5－31 分别报告了工业用地、商业用地和居住用地在邻接空间权重（W_1）、地理距离权重（W_2）、经济空间权重（W_3）下的检验结果。从 Moran's I 检验结果看，仅邻接空间权重统计值在 5% 的水平下均显著为正。邻接空间权重下，居住和商业土地价格的 Moran 统计值基本都介于 0.1～0.4；工业土地价格的 Moran 统计值略低，但大多数大于 0。因此，可以表明山东半岛城市群的土地价格的空间分布不是独立的，而是具有空间相关性，呈现出集聚的特性。居住用地价格在邻接空间权重下的空间集聚度最高，其次是商业土地价格和工业土地价格，而三类土地价格在距离空间权重和经济空间权重下空间集聚性都不明显。这说明土地价格受相邻地区的影响最大，而与地区间地理距离和经济水平差距的影响较小。

表 5－29　　山东半岛城市群各地级市工业用地土地价格 Moran's I 指数

年份	邻接空间权重（W_1）			地理距离权重（W_2）			经济空间权重（W_3）		
	I	z	p	I	z	p	I	z	p
2007	0.162	1.494	0.0068 *	－ 0.036	0.348	0.364 *	－ 0.059	1.606	0.054 *
2008	－ 0.079	0.227	0.0410 *	－ 0.209	－ 0.316	0.376 *	－ 0.107	0.408	0.341 *
2009	0.015	0.715	0.0237 *	0.052	0.666	0.253 *	－ 0.078	1.097	0.136 *
2010	0.027	0.780	0.0218 *	0.114	0.877	0.190 *	－ 0.067	1.320	0.093 *

年份	邻接空间权重（W₁）			地理距离权重（W₂）			经济空间权重（W₃）		
	I	z	p	I	z	p	I	z	p
2011	- 0. 001	0. 613	0. 0270 *	0. 082	0. 764	0. 222 *	- 0. 071	1. 235	0. 108 *
2012	0. 034	0. 824	0. 0205 *	0. 092	0. 806	0. 210 *	- 0. 071	1. 231	0. 109 *
2013	0. 048	0. 869	0. 0193 *	0. 110	0. 876	0. 190 *	- 0. 075	1. 156	0. 124 *
2014	0. 046	0. 913	0. 0181 *	- 0. 079	0. 176	0. 430 *	- 0. 096	0. 685	0. 247 *
2015	0. 052	0. 937	0. 0174 *	- 0. 134	- 0. 034	0. 487 *	- 0. 111	0. 327	0. 372 *

注：*** 、** 、* 分别表示在1%、5%和10%的水平下显著。

表 5 - 30　　山东半岛城市群各地级市商业用地土地价格 Moran's I 指数

年份	邻接空间权重（W₁）			地理距离权重（W₂）			经济空间权重（W₃）		
	I	z	p	I	z	p	I	z	p
2007	0. 180	1. 536	0. 062 *	0. 038	0. 614	0. 270 *	- 0. 126	- 0. 024	0. 491 *
2008	0. 251	2. 054	0. 020 *	- 0. 087	0. 152	0. 440 *	- 0. 211	- 2. 161	0. 015 *
2009	0. 155	1. 973	0. 024 *	- 0. 183	- 0. 292	0. 385 *	- 0. 110	0. 483	0. 315 *
2010	0. 116	1. 606	0. 045 *	- 0. 026	0. 478	0. 316 *	- 0. 134	- 0. 267	0. 395 *
2011	0. 303	2. 325	0. 010 *	0. 125	1. 008	0. 157 *	- 0. 117	0. 200	0. 421 *
2012	0. 336	2. 357	0. 009 *	0. 132	0. 978	0. 164 *	- 0. 126	- 0. 025	0. 490 *
2013	0. 083	1. 148	0. 012 *	- 0. 405	- 1. 142	0. 127 *	- 0. 156	- 0. 793	0. 214 *
2014	0. 123	1. 221	0. 011 *	- 0. 449	- 1. 192	0. 117 *	- 0. 213	- 2. 000	0. 023 *
2015	0. 303	2. 310	0. 010 *	- 0. 030	0. 380	0. 352 *	- 0. 140	- 0. 362	0. 359 *

注：*** 、** 、* 分别表示在1%、5%和10%的水平下显著。

表 5 - 31　　山东半岛城市群各地级市居住用地土地价格 Moran's I 指数

年份	邻接空间权重（W₁）			地理距离权重（W₂）			经济空间权重（W₃）		
	I	z	p	I	z	p	I	z	p
2007	0. 364	3. 294	0. 000 *	0. 260	1. 870	0. 031 *	- 0. 116	0. 285	0. 388 *
2008	0. 379	2. 643	0. 004 *	- 0. 234	- 0. 423	0. 336 *	- 0. 205	- 1. 926	0. 027 *

续表

年份	邻接空间权重（W₁）			地理距离权重（W₂）			经济空间权重（W₃）		
	I	z	p	I	z	p	I	z	p
2009	0.288	3.571	0.000*	-0.001	0.740	0.230*	-0.131	-0.236	0.407*
2010	0.137	1.367	0.046*	-0.305	-0.698	0.243*	-0.158	-0.795	0.213*
2011	0.217	3.853	0.000*	0.035	1.156	0.124*	-0.121	0.180	0.429*
2012	0.186	1.872	0.031*	-0.196	-0.314	0.377*	-0.130	-0.146	0.442*
2013	0.152	1.565	0.049*	-0.353	-0.952	0.171*	-0.171	-1.202	0.115*
2014	0.204	2.000	0.023*	0.075	0.889	0.187*	-0.097	0.783	0.217*
2015	0.207	2.657	0.004*	-0.256	-0.733	0.232*	-0.121	0.154	0.439*

注：***、**、*分别表示在1%、5%和10%的水平下显著。

表5-32给出了2007~2015年山东半岛各地级市分类地价Moran's I检验结果。HH代表高土地价格高空间集聚的情况；HL代表高土地价格低空间集聚；LH代表低土地价格低空间集聚；LL代表低土地价格低空间集聚的情况。在表5-32中，HH和LL情况下对应的城市数量指的是有多少个年份该城市出现土地价格与空间集聚一致的现象。图5-12、图5-13及图5-14分别是2015年工业、商业和居住土地价格在邻接空间权重下的Moran散点图，从中可以发现，2015年绝大多数地区位于第一象限（右上）和第三象限（左下）。这表明了2015年土地价格较高的地区在空间上较为靠近，土地价格较低的地区在空间上也较为靠近，即土地资本在空间分布上存在较强的异质性与空间集聚特征，其他年份也做了相应研究。根据前述的结果，济南、青岛和烟台的工业土地资本具有明显的高价格高空间集聚性特征；东营、威海和莱芜的工业土地价格具有低价格低空间集聚性特征。青岛和烟台的商业土地价格呈现高价格高空间集聚性，淄博、东营、莱芜的商业土地价格呈现低价格低空间集聚性。青岛、烟台、潍坊和日照的居住用地土地价格呈现高价格高空间集聚性，淄博、东营、威海和莱芜的居住用地土地价格呈现低价格低空间集聚性。由于土地价格是土地资本的外在表现，山东半岛城市群土地资本集聚与空间集聚之间存在空间相关关系，土地资本对相邻区域的土地资本有较明显的空间溢出效应。

表 5 - 32　　2007～2015 年山东半岛各地级市分类地价 Moran's I 指数

		济南	青岛	淄博	东营	烟台	潍坊	威海	日照	莱芜
sp	HH	2	9	0	0	5	2	3	2	0
	HL	0	0	1	0	3	4	4	6	2
	LL	0	0	7	9	0	2	2	1	7
	LH	7	0	1	0	1	1	0	0	0
gp	HH	4	8	0	1	8	1	1	0	0
	HL	0	1	2	0	1	0	2	9	4
	LL	0	0	1	8	0	0	5	0	5
	LH	5	0	6	0	0	8	1	0	0
zp	HH	2	9	0	0	5	9	1	6	0
	HL	0	0	0	0	4	0	1	3	1
	LL	1	0	9	9	0	0	7	0	8
	LH	6	0	0	0	0	0	0	0	0

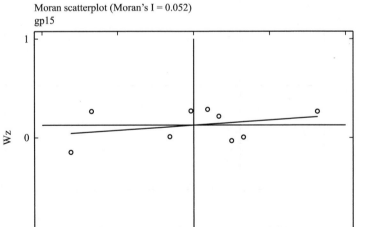

图 5 - 12　工业地价 2015 年 Moran 散点图

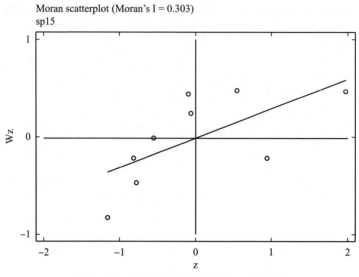

图 5 - 13　商业地价 2015 年 Moran 散点图

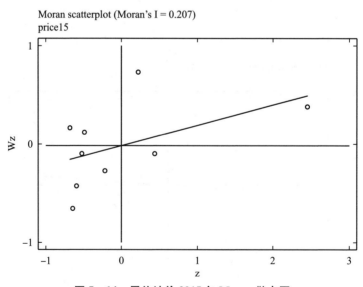

图 5 - 14　居住地价 2015 年 Moran 散点图

5.4.3.3　空间溢出分析

（1）空间面板数据模型经验估计结果。

Cliff 和 Ord（1973）最先提出截面数据的空间滞后模型，经 Anselin

（1988）和 Elhorst（2003）将空间计量模型由截面数据形式拓展到面板数据分析，从一般空间计量模型出发，逐渐增加限制条件，得到了空间滞后面板数据模型、空间误差面板数据模型和空间杜宾模型。截面数据模型计量公式采用传统的 LM_Lag、LM_Err 进行检验，Anselin 采用分块对角矩阵对空间权重矩阵 W 进行替代，拓展到适用于空间面板数据模型分析的 LM 检验，Elhorst 在其基础上给出了对应的 Robust LM 检验。据其构建 LM 和 Robust LM 统计量，进行空间依赖性检验（吴福象和沈浩平，2013）。

　　空间计量模型分析的特点是不仅考虑时间效应，而且也考虑到了空间效应，能够反映土地价格在空间的分布特征，处理空间依赖性等问题，揭示不同地理单元空间关联性对区间结构的影响。空间计量模型主要有空间误差模型（Spatial Error Model，SEM）、空间滞后自模型（Spatial Lag Model，SLM）和空间杜宾模型（Spatial Durbin Model，SDM）。在采用空间杜宾模型之前，对三个模型进行了检验和比较，根据 LM 统计量的大小判断空间杜宾模型最优。采用极大似然估计方法对 SLM、SEM 和 SDM 进行估计。表 5 - 33 中分别报告了邻接权重下三种模型的具体估计结果。空间变量滞后项系数 ρ 及误差项 λ 均显著为正，因此可表明山东半岛城市群土地价格和城市群空间结构之间存在空间依赖性。对被解释变量的滞后一期在所有回归结果中均显著为正，这表明山东半岛城市群土地价格对城市群空间结构在时间维度上影响存在惯性效应，即城市群空间结构受上一期土地价格的影响。由于 SDM 模型的 R^2 与 LogL 大于其他模型，说明 SDM 拟合较好。此外采用通过 Hausman 检验验证固定效应（FE）和随机效应（RE），然后采用赤池信息准则（AIC）和自然对数似然函数值进行模型选择在固定效应和随机效应之间进行选择，检验结果为支持固定效应。

表 5 - 33　　　　　　　　邻接矩阵下空间面板模型估计结果

	空间滞后模型（SLM）		空间误差模型（SEM）		空间杜宾模型（SDM）	
	RE	FE	RE	FE	RE	FE
sp	0.035 **	0.044 **	0.037 **	0.027 **	0.088 **	0.091 **
gp	0.027 **	0.034 **	0.032 **	0.042 **	0.025 **	0.026 **

续表

	空间滞后模型（SLM）		空间误差模型（SEM）		空间杜宾模型（SDM）	
	RE	FE	RE	FE	RE	FE
zp	0.075 **	0.032 **	0.080 **	0.036 **	0.081 **	0.036 **
ρ/λ	0.021 **	0.023 **	0.028 **	0.027 **	0.025 **	0.026 **
Log L	186.76603	187.6362	186.6044	187.4657	188.4381	189.5456
R^2	0.0258	0.0068	0.0203	0.0048	0.0666	0.0454
AIC	−365.5322	−365.2724	−364.7813	−364.9313	−366.8762	−363.0912

注：*** 、 ** 、 * 分别表示在 1%、5% 和 10% 的水平下显著。

（2）空间溢出效应分解。

综合分析 SDM 模型的结果，在邻接权中下商业地价对城市群空间结构影响的直接效应显著为正，间接效应不显著，说明商业地价对城市群空间结构存在正向空间溢出效应，即商业地价主要对本区域范围内的空间结构有影响（见表 5－34）。工业地价直接效应和间接效用值均显著为正，但其直接效应的值大于间接效应的值，表明工业地价对区域内和区域外的空间结构均存在溢出效应，对区域内的影响要大于区域外。居住地价的直接效应显著为正，间接效应显著为负，说明居住地价对区域内空间结构的影响是正向的，对区域外空间结构也存在影响但是为负向的。

表 5－34　　　　土地资本影响城市群空间结构综合指标效应分解

自变量	直接效应		间接效应		总效用	
	相关系数	P 值	相关系数	P 值	相关系数	P 值
sp	1.01e−07	0.013 **	3.45e−07	0.061 **	4.47e−07	0.005 **
gp	3.51e−08	0.040 **	1.82e−07	0.053 **	2.17e−07	0.043 **
zp	0.0000105	0.007 **	−0.0000129	0.007 **	−2.33e−06	0.076 **

注：*** 、 ** 、 * 分别表示在 1%、5% 和 10% 的水平下显著。

（3）城市群空间结构构成要素效应分解。

同样进行模型选择后，对城市群空间结构综合指标部分构成要素均采用 SDM 模型进行分析和效应分解（见表 5 – 35）。居住地价对市辖区人口密度指标存在负向直接效应，即对本区域范围内的市辖区人口密度存在空间影响，对本区域邻接区域影响不明显。工业地价对地区人均地区生产总值增长率存在负向显著直接效应，即工业地价对本区域范围内的人均地区生产总值增长率存在空间影响，对邻接区域影响不明显。工业地价和居住地价对年末城镇建设用地比率存在正向直接效应，对本区域存在显著空间影响，对邻接区域影响不明显。商业地价对城镇就业存在正向直接效应，对年末金融机构各项贷款余额存在正向间接效应，对公共图书数量、医院床位数和国际互联网接入户数存在显著正向间接效应。居住地价对小学在校生人数存在正向直接效益，对大学在校生人数存在显著负向直接效应，对年末金融机构各项贷款余额存在显著正向直接效应，对经济联系强度存在直接效应和间接效应，对年末实有道路面积存在显著负向直接效益，对国际互联网接入户数存在正向直接效应。工业地价和居住地价对医院床位数存在显著正向直接效应。

表 5 – 35　　　　　城市群空间结构构成要素效应分解

因变量	自变量	直接效应		间接效应		总效用	
		相关系数	P 值	相关系数	P 值	相关系数	P 值
市辖区 人口密度　y1	sp	0. 0817003	0. 418 **	− 0. 1547628	0. 223 **	− 0. 0730625	0. 536 **
	gp	2. 624706	0. 169 **	2. 1432	0. 389 **	4. 767906	0. 146 **
	zp	− 0. 1419482	0. 029 **	0. 0306529	0. 765 **	− 0. 1112953	0. 349 **
人均地区 生产总值 增长率 （％）　y3	sp	0. 0000376	0. 893 **	− 0. 0001027	0. 791 **	− 0. 0000652	0. 872 **
	gp	− 0. 0155866	0. 005 **	− 0. 0045907	0. 573 **	− 0. 0201773	0. 070 **
	zp	0. 0000484	0. 792 **	0. 0006108	0. 067 **	0. 0006591	0. 098 **
城镇就业 人数 （万人）　y7	sp	0. 0032559	0. 009 **	0. 004461	0. 079 **	0. 007717	0. 014 **
	gp	0. 0546247	0. 062 **	0. 019064	0. 755 **	0. 0736887	0. 381 **
	zp	0. 0015376	0. 114 **	− 0. 0014367	0. 530 **	0. 0001009	0. 973 **
金融年末金 融机构各项 贷款余额 （万元）　y10	sp	− 0. 0010884	0. 549 **	0. 0077037	0. 004 **	0. 0066153	0. 027 **
	gp	0. 0528074	0. 164 **	− 0. 0346812	0. 554 **	0. 0181262	0. 823 **
	zp	0. 0058454	0. 000 **	− 0. 002916	0. 211 **	0. 0029294	0. 310 **

续表

因变量	自变量		直接效应		间接效应		总效用	
			相关系数	P 值	相关系数	P 值	相关系数	P 值
年末高校在校生数（人）	y11	sp	15.85377	0.573 **	−72.77846	0.099 **	−56.92469	0.272 **
		gp	790.9162	0.185 **	1668.207	0.103 **	2459.124	0.083 **
		zp	−56.12708	0.006 **	−49.90176	0.218 **	−106.0288	0.045 **
年末小学在校生数（人）	y12	sp	−0.0013947	0.053 **	0.0005278	0.626 **	−0.0008669	0.482 **
		gp	−0.0056352	0.712 **	−0.0106037	0.664 **	−0.0162389	0.633 **
		zp	0.0013113	0.011 **	0.0001644	0.866 **	0.0014757	0.225 **
公共图书数量（万册）	y13	sp	−0.0034635	0.380 **	0.0228211	0.000 **	0.0193576	0.008 **
		gp	0.0723762	0.384 **	0.0270632	0.846 **	0.0994393	0.603 **
		zp	−0.0028609	0.319 **	−0.0029602	0.608 **	−0.0058211	0.427 **
医院床位数（个）	y15	sp	0.2627122	0.688 **	3.888411	0.000 **	4.151123	0.000 **
		gp	47.1479	0.000 **	−31.81597	0.101 **	15.33193	0.568 **
		zp	1.013559	0.024 **	−0.0465981	0.953 **	0.9669612	0.311 **
经济联系强度	y16	sp	0.0075997	0.366 **	0.0077895	0.494 **	0.0153892	0.288 **
		gp	0.0149554	0.212 **	0.0149298	0.399 **	0.0298852	0.165 **
		zp	0.7074713	0.007 **	1.482773	0.000 **	2.190244	0.000 **
年末实有城市道路面积（万平方米）	y19	sp	−0.0155393	0.975 **	−0.7851091	0.222 **	−0.8006484	0.208 **
		gp	14.14534	0.138 **	5.794769	0.656 **	19.94011	0.254 **
		zp	−0.8306994	0.009 **	0.8534277	0.105 **	0.0227283	0.971 **
国际互联网接入户数（户）	y20	sp	−0.0427444	0.019 **	0.0583141	0.014 **	0.0155697	0.508 **
		gp	0.2559041	0.480 **	−0.9263433	0.058 **	−0.6704392	0.309 **
		zp	0.0577198	0.000 **	0.033945	0.102 **	0.0916648	0.000 **

注：***、**、*分别表示在1%、5%和10%的水平下显著。

居住地价对本地区空间结构在经济、就业、土地利用和公共设施等方面都存在影响，商业地价对本地区的空间结构影响较小，对邻接区域的空间影响主要在公共基础设施等方面。工业地价对本区域城市建设和GDP等方面存在影响，对邻接区域的空间影响较小（见表5－36）。

表5－36　　　　　　　城市群空间结构构成要素效应分解汇总

分类	指标		商业地价 sp		工业地价 gp		居住地价 zp	
			直接效应	间接效应	直接效应	间接效应	直接效应	间接效应
空间密度	市辖区人口密度（万人/平方公里）	y1					●	
	人均地区生产总值增长率（%）	y3			●			
	年末城镇建设用地比率（平方公里）	y6			○		○	
空间容量	城镇就业人数（万人）	y7	○					
	金融年末金融机构各项贷款余额（万元）	y10		○			○	
	年末高校在校生数（人）	y11					●	
	年末小学在校生数（人）	y12					○	
	公共图书数量（万册）	y13		○				
	医院床位数（个）	y15		○		○	○	
空间联系	经济联系强度	y16					○	○
	年末实有城市道路面积（万平方米）	y19					●	
	国际互联网接入户数（户）	y20		○			○	

注：○正向效应；●负向效应。

　　工业地价和居住地价对空间密度指标存在空间直接效应，无间接效应，表明工业土地资本和居住土地资本对本区域范围内的人口经济等的空间分布密度存在空间影响作用，对邻接区域的人口密度或经济密度等空间密度要素影响较小。居住价格对空间容量的多种指标产生正向空间直接效应，表明居住土地资本的提高有助于提高区域的空间容量和范围，吸引更多的就业人口和投资。商业价格对空间容量指标产生的主要正向空间间接效应，说明商业土地资本影响邻接区域的空间承载力。随着商业土地资本的提高，城市的商业活动吸引力增强，会引发地方化效应，周边城市的人口和经济总量也会随之增加。对空间联系产生较大影响的主要是居住价格，居住价格对空间联系的构成指标产生直接效应，对经济联系强度指标产生空间直接和间接效应。这表明居住土地资本对本区域的空间联系的影响较大，工业土地资本和商业土地资本的影响较小。随着居住条件的提高，土地资本增加，

145

城市与外界联系的需求增加。

5.4.4　小结

山东半岛商业地价、工业地价和居住地价对城市群空间结构的空间相关性分析表明，三类土地资本对城市群空间结构存在明显的影响作用。山东半岛城市群商业土地资本、工业土地资本和居住土地资本对空间结构的密度、容量和联系等方面均存在不同程度的空间溢出效应。虽然三类土地资本与空间结构综合指标构成中的多种要素没有显现出空间相关性，但是一方面山东半岛城市群尚处于发展之中，与相对成熟的城市群如长三角城市群、珠三角城市群及京津冀城市群还有较大的差距，公共基础设施及空间网络建设方面仍需完善；另一方面表明山东半岛城市群土地资本利用尚未成熟，有些与土地最佳利用方式不匹配的情况需要及时调整，以发挥土地资本的最大效应。

5.5　山东半岛城市群空间结构存在问题及产生的原因

5.5.1　土地资本构成不均衡，公共基础设施投入不足

通过前述分析可以看出土地资本与城市群公共基础设施有密切的相关关系，并且存在显著的空间溢出效应。随着城市公共基础设施的完善，土地资本价值得到提升，反过来土地资本价值的提高不仅能够促进本地空间结构的扩展和优化，还会因空间溢出效应对邻近的地区产生影响。山东半岛城市群历史悠久，但对基础设施的投资不足。与京津冀城市群、长三角和珠三角城市群等率先发展起来的城市群相比，山东半岛城市群的公共基础设施建设还有较大差距。根据前面的研究，济南和青岛是山东半岛城市群的核心城市。在作为核心城市的济南、青岛等城市的公共财政支出中，人均科学技术支出和人均教育支出均低于同为城市群核心城市的北京、天津、上海、杭州、南京、

深圳和广东等城市（见表 5 - 37）。北京市科学技术支出占公共财政支出的比重是济南的 3.7 倍，青岛的 2 倍，而人均科学技术支出是济南的 13 倍，是青岛的 2 倍。各城市的教育支出占公共财政支出的比重差距略小都在 14% ~ 19%，但人均教育支出具有较大差异，分别是济南和青岛的 2 ~ 6 倍。各城市人均城市建设维护资金支出分别是济南和青岛的 1 ~ 7 倍。上述结果表明济南和青岛作为山东半岛城市群的核心城市，是最具经济实力的城市，同时也是公共基础设施较完善的城市，但济南和青岛的投入与其他城市群的核心城市还有很大的差距。公共基础设施投入的不足与土地资本之间互相作用，影响着城市群的空间容量和密度，进而影响空间网络联系，从而造成整个城市群空间网络布局不合理。

表 5 - 37　　　　2014 年我国主要城市群公共基础设施投入对比

地区	科学技术支出占公共财政支出的比重	教育支出占公共财政支出的比重	人均科学技术支出（元）	人均教育支出（元）	人均城市建设维护资金支出（元）
北京	0.062482	0.164002	2120.232	5565.127	8788.683
天津	0.037784	0.179224	1072.064	5085.141	1674.699
上海	0.053274	0.141269	1823.113	4834.423	1850.0862
南京	0.04854	0.148587	689.3048	2110.046	4928.2473
杭州	0.054525	0.190072	732.1626	2552.283	1759.1324
深圳	0.043672	0.152714	2847.682	9957.857	1299.503
广州	0.039215	0.159477	668.5802	2718.943	4572.155
济南	0.016797	0.163136	154.4128	1499.653	2143.0325
青岛	0.025135	0.174117	346.0582	2397.205	1190.6969

5.5.2　核心城市地位不突出，未充分发挥引领作用

目前山东半岛城市群整体发展态势良好，区域发展均衡，地区之间差距较小。随着城市化的深入，资本的聚集会产生循环累积效应，城市群中必然会出现优势城市成为重要的核心城市，占据产业分工链条的高

端。山东半岛城市群中，综合实力较强的是济南和青岛，二者虽然在经济、人口、产业、基础设施等方面优于其他城市，但是与其他城市的差距并不大。山东半岛的成员城市各具特色，都拥有自身核心产业。从空间网络的地理位置上看，济南作为省会城市位于山东省的腹地，但山东半岛城市群是山东省最具实力的区域，济南位于山东半岛城市群的西部，与淄博和潍坊相比，与其他地市联系的地理优势不明显。从网络交通来看，济南是多种交通工具的中心枢纽，但其他成员城市也具备较便捷的交通条件。青岛是沿海城市，地理位置较优越，是重要的出海口，但目前的发展也未能充分发挥其出海口的重要功能，某些方面的发展甚至落后于济南、潍坊、烟台等地级市。山东半岛城市群呈现的均衡发展状态表明山东半岛的经济发展尚处于起步阶段，空间结构网络初步形成，但未最终完成，济南和青岛等重点城市尚未发挥出核心城市应有的引领作用。

5.5.3 行政体系束缚要素流动，空间网络联系欠紧密

山东半岛城市群目前的空间网络规划仍以行政规划为基础，空间网络联系也以行政上下级联系较多，缺乏从城市群的角度进行空间网络规划。在山东半岛城市群的各级市镇中，有些从地理位置和产业联系上与邻近地市需要加强联系，但是由于行政网络的束缚，不属于同一个行政单元的市镇联系成本略高，也难以共享公共基础设施，在一定程度上阻碍了城市之间的交流互动。从产业分工角度来看，山东半岛城市群存在一定的产业分工，济南的服务业发展较快，淄博、东营和日照等依托资源发展采矿、化工等产业，工业城市特征明显，并且分工日趋细化，城市在城市群中的功能也更加突出。但是各城市目前自给自足的特征占主导地位，产业规模化不突出，这与交通和信息的交流有一定的关系。

5.5.4 土地资本价值被低估，土地空间利用低效

土地资本价值的增长具有集聚性，土地资本价值高的地块也具有较高的实用价值和投资价值。土地资本集聚规律说明位置较优的地块应该

集约利用，实现更高的利用价值才能发挥土地资本的价值。土地集约利用主要体现在按市场规律价高者得、高土地投入产出、生活便捷舒适等方面。山东半岛城市群的土地利用和投入与土地资本大小的匹配程度不高。城市核心地区各类设施完善，土地价值较高，适合发展附加值高的商业和高端服务业，能够最大化发挥信息交换便捷的优势。目前市中心的土地仍被一些容积率较低的住宅和场馆类建筑所占据，这也是为什么在空间分析过程中土地价格与部分空间结构指标不存在相互关系的原因，由于缺乏依据，规划的结果不能发挥土地空间的最大效益。城市新城区建设的目的是疏解老城区的部分功能，缓解交通和居住压力。济南、青岛、烟台等城市都建设有新城区，功能各有不同。新城区建设往往是从农业用地转变而来，城市所需设施不健全，新城区土地资本相对较低，承接部分附加值较低的产业。随着新城区的完善、人口的转移，新城区土地资本价值优化提升，甚至高于老城区。由于缺乏规划，原有附加值低的产业或加工制造业等占据新城区优质地段，成为未来土地优化利用的障碍。

149

5.6　本　章　小　结

通过大量搜集相关数据，本章运用 UCINET、ArcGIS、STATA 及 SPSS 等软件，分析了山东半岛城市群空间结构网络特征、土地资本的分布特征及土地资本与城市群空间结构之间的相关关系。结果表明 2007～2014 年山东半岛城市群空间结构网络变化较明显，网络密度增加，城市之间的联系和交流更加密切，但中心城市的优势地位并不突出。本章使用山东半岛城市群的土地价格来表征土地资本集聚特点，通过分析发现，山东半岛城市群土地资本整体不断增加，出现明显的集聚分布特点，即中心城市土地资本高，边缘城市土地资本低。山东半岛城市群土地资本集聚的程度与城市群空间结构的特点存在一致性。当期和滞后一期的土地资本与城市群空间结构综合要素之间存在明显的相关关系，并且存在空间溢出效益。土地资本集聚不仅影响本区域的空间结构，也会影响邻接区域的土地资本和空间结构，同时，土地资本集聚会影响后续城市空间结构变化。土地资本集聚与城市群空间结构的匹配促使山东半岛城市群人口和资金流动性增加，产业分工更加明确，土地资源得到优化利用，城市之间的交流更加有效。因此认为山东半岛城市群土地资本存在集聚现象，并且土地资本集聚对城市群空间结构优化有一定的促进作用。

第6章 城市群空间结构优化路径及政策建议

6.1 完善城镇公共基础设施，提升土地资本价值

土地资本对城市群空间结构优化有一定的促进作用，并且土地资本可以借助土地价格得以观测和测算，是具有可操作性的评价指标。因此，在进行城市规划和城市群规划时，可以根据土地资本梯度变化指标，合理规划和利用土地空间，发挥土地资源的最大效用。土地资本价值的提升来自很多方面，其中最重要也是土地资本价值提升最快的途径便是公共基础设施建设。从研究结果来看，规模较大的城市土地资本高，资源条件好，不但吸引人口到市辖区工作生活，也吸引工商业选址到市辖区。从市辖区土地出让的数目来看，出于环保和合理利用土地的目的，市辖区内城市规划的工业用地的范围逐渐减少，仅有的市区工业用地价格较高，但区位优势仍促使很多工业活动愿意选址在市辖区，或者与市中心直线距离较短的新区，造成这部分新区工业地价也较高。由于交通设施不健全，优先发展高级别城市的交通线，因此造成工业企业在高级别城市集中，并形成了早期的产业链。如果要在城市群统筹资源分配，在全境内实现产业分工，就需要将原来集聚分布的产业链疏散。完善的交通设施是疏散的重要前提，交通运输设施的建设是土地资本提升的重要途径，并能够带来一系列的社会、经济效应。工业活动选择靠近城市中心的位置，与运输成本和产业分工有关。目前的地级市具备公路、铁路等各项交通基础设施，有些大城市如济南还是重要的交通枢纽，因此交通便捷程度高，运送产品和原材料成本较低。对于工业活动

来说，市辖区或者距离城市中心较近的地区土地资本高，能够给工业活动带来更高的收益或回报。工业活动所需要的熟练工人、资本、生产资料、物流、销售渠道等都集中在大城市，甚至是大城市的中心地带。城市中心土地竞争激烈，根据阿朗索的竞价模型，利润较高的零售行业在竞争市区土地时具有优势。工业企业如果选址在城市中心就必须付出更高的土地价格和相关成本，相应就会减少创新和科研投入，不利于工业企业的发展。如果中小城镇能够完善自身公共基础设施、提高人居舒适度，并不断提升土地资本价值，那么就会吸引工业企业疏散到中小城镇。对于工业企业来说，选择到土地成本低的地区发展将有效降低生产成本，将节约的资金用来研发创新或购买技术，能有效推动我国工业企业的发展。目前处于"一带一路"发展机遇的中西部城市群，多年来各项公共基础设施建设滞后，如果能通过建设提升土地资本就可以为后续的发展打下坚实的基础。

6.2 强化核心城市功能，构建城市群合理梯度

由于我国城市群多由近年来跨省跨区域组成，各个区域在各自发展过程中均设立有重点发展的城市，且综合经济实力相差不大。城市群中的核心城市往往会享有更多的发展机遇，因此不可避免地引发城市之间的竞争。城市之间的竞争往往会因产业重复设置、缺乏配合及资源竞争等带来城市群整体发展的低效率。因此，城市群中的核心城市和重点发展城市之间明确产业分工与发展定位，采用差异化的发展路径将有利于城市群的整体协调发展。以山东半岛城市群为例，山东半岛城市群一体化发展形态要求不同层级的城市之间并肩发展，在发挥各地资源优势、产业特色的同时，加强合作，使各方形成一股发展的合力，达到"1+1＞2"的协同发展效果。此外，从济南和青岛在山东半岛城市群所发挥的重要作用来考虑，在未来的发展中，城市群应更加注重中心城市对其他城市的辐射带动作用，利用双核的优势发挥其作为山东半岛城市群乃至环渤海地区的纽带，推进都市圈各城市的联动发展，尽快将山东半岛城市群打造成为在国内甚至国际范围内投资环境优越、开放程度高、发展活力足、核心竞争力强的区域之一。在传统单核

心理念下，济南和青岛存在竞争关系，二者过于重视资源争夺的形式，缺乏合作和自我发展长期规划，降低了自身经济辐射功能，忽视了沿海省份的竞争优势。通过外部大环境转变的力量推动，势必打破地域发展的局限，济南和青岛互相配合，成为城市群中重要的两极。国家出台新型城镇化的战略举措，其目的之一是解决特大城市主城区人口密度偏大与综合承载能力之间的矛盾，带动区域整体活力。因此，新的政策也给山东半岛城市群空间的重组提供了支撑。城市是有机的生命体，城市群体内部成员之间存在互相竞争又互为依托的关系，当城市之间的关系由自发的联系变为有序的疏散，城市群就会逐步成熟。

6.3 打破行政壁垒，合理化功能布局

行政区政策不同是城市群一体化发展的屏障，而淡化行政区划、消除沟通壁垒是未来城市群发展的必然趋势。依据土地资本分布规律合理布局城市群空间网络，实现"优地优用"，集约利用城镇土地资源。山东半岛城市群虽然都隶属山东省，在行政区划障碍上要小于京津冀、长三角及珠三角等跨省市城市群。但是长期以来，山东省各地市习惯于垂直联系，横向联系较少，不利于资源优化配置和交流，因此要消除行政区划带来的不利影响。统筹布局产业链，政府淡化经济绩效考核，重视整体发展效果，并且设立行政协调机构，能有效加强协作，促进整体效益提高。通过更改城镇之间的隶属关系，可以有效消除行政区划对产业分工的负面影响，促进人口流动。将有产业分工和联系密切的地区划定同一个行政区范围内，变有条件的市县为区，也是促进交流的有效方式。虽然只是改变了名称，但是随之带来的是一系列经济社会运行方式的改变。市县的独立性较强，市辖区能够统一金融、交通、教育等服务系统和共享政策环境。未来山东半岛城市群内青岛和潍坊等地规划有区划的改变，将有效促进区域融合。在研究中发现，从空间距离上来看，平原、临邑等距离济南比商河等地近，基础设施和资源条件也优于商河，但是发展来看却不如商河，原因在于商河直属于济南，一些集聚在济南的工商业活动或者打算落户济南的企业优先选择济南下属区县。因此，行政区划影响土地资本，也影响了城市群空间结构的优化。潍坊的

153

高密虽然距离青岛较远，但是其生活习惯和民风与青岛地区更为接近，并且从加工制造业等方面来看，与青岛联合更具优势，因此将高密市划归青岛市是更合理的空间结构安排。未来济南钢铁厂迁移至日照市，会对山东半岛城市群产业分工格局产生影响，带来人口流动的新动力，增加日照市的土地资本，有利于更好地利用日照市港口资源和水资源。济南目前的定位和规划是金融服务业，不再适合发展大型重工业产业，济南钢铁厂迁出后，可以利用原有片区发展商业、娱乐、旅游等服务业，疏解居住功能。

6.4　集约土地利用，发挥空间价值

城镇化深入带来我国城市边界不断扩张，在地产开发商和地方政府等多方利益的驱动下，城市周边大量的耕地转变为城市用地。城市群的划定给成员城市在土地空间上向核心城市蔓延式发展提供了借口，但这样的发展未能高效利用现有城区土地，土地资本价值得不到充分发挥，带来的是耕地快速衰退和土地资源利用的低效率，影响了城市生态环境。山东半岛土地肥沃平坦，可以利用的优质土地资源相对丰富，并具有优良的港口和海岸线，为城市空间发展留足了空间。由于自然条件优越，土地的规划利用限制较少，因此在土地利用过程中对是否为土地最佳利用状态的考虑较少，部分地区在土地利用方面存在缺乏规划、闲置和浪费等问题。虽然每个城市都有基本的分区规划，但是在规划方案选择时考虑得不够全面，未能从长远合作的角度看城市之间土地的功能布局和分工，土地的使用并没有真正做到节约集约高效。政府应从土地供给侧的角度考虑土地空间利用结构，在规划中充分考虑土地价值的发挥和城市之间用地功能的配合。土地资本集聚规律给出城市群空间发展的原则是土地资本高的地块要更大发挥其价值，实现"优地优用，劣地巧用"，根据土地资本的大小和结构选择空间扩展的方向。目前国家推行新型城镇化政策，济南和青岛空间规划的最佳选择是大力发展高端服务业，在原有信息技术服务的基础上发展信息服务产业。各成员城市根据自身发展阶段和资源禀赋特征承接产业，充分发挥地方特色，形成多核心的城市群格局。

第 7 章　结论与展望

　　首先，土地资本存在集聚现象，高土地资本价值地块更易于与其他资本结合带来高产出。土地具有资本属性，但由于土地本身具有的使用价值，土地资本属性及土地资本集聚对社会经济产生的影响往往被人们忽略或低估。土地资本的存在是其他类型资本与之结合并获得超额利润的原因。较高的生产要素与高土地资本地块相结合能够发挥更大的作用，带来更高的投资回报率。土地资本在社会流通中获得增值，产生土地资本集聚。土地资本集聚过程伴随着人口和经济密度的增加，公共基础设施的完善及城市规模的扩大。土地资本增值必然相应带来资金、人口的流动，并进一步通过自组织效应而继续增值。土地资本增值意味着土地可供人类利用的条件优化，能够给使用者带来更高的附加值，进而通过市场竞争，吸引最佳的投资方式和利用方式。土地资本的集聚过程中也会产生分类和侧重。土地资本的组成可以包含绿色土地资本、设施土地资本和人口土地资本等多个类型。不同的地区虽然可能表现出相同的土地价格，但是会有不同的土地资本构成，与其他生产要素结合的投入产出效率也会有差异。例如，环境较优的高绿色土地资本的城市地区，与居住、旅游等项目的资本结合会带来优于其他项目的投资回报率。因此，根据土地资本集聚程度的高低和类型优化城市群空间结构是有理论依据的。土地资本正是在这个过程中，通过市场机制对要素资源进行合理化分配，实现土地功能的最优配置，不断促使城市群空间结构发生改变。正是土地资本集聚规律使土地能够主导与其他生产要素的结合形式，驱动城市群空间结构改变，并促使其不断优化。城市群空间结构的改变体现在人口和经济密度的改变，核心城市地位的变化及核心城市与城市群中其他成员城市之间的关系。

　　其次，土地资本集聚对城市群空间结构的优化具有驱动作用。通过理论分析和对山东半岛城市群土地资本分布情况及城市群空间结构特征的分析表明，山东半岛发展速度较快，但尚处于城市群形成的初期。根据对山东半岛城市群的土地资本分布情况和城市群空间结构现状的实证分析发现，高土地资本与城市中心度相一致，可以认为山东半岛城市群空间结构与土地资本的分布基本一致。而相关性分析表明山东半岛土地资本与城市群空间结构要素之间存在空间溢出关系，并表现出非典型因果关系，这与山东半岛城市群发展尚未成熟有一定的关系，也从一个侧面预示了城市群在成长过程中由土地资本与空间利用的不匹配到匹配的变化过程。滞后一期的地价数据与城市群空间结构要素之间的相关性结论表明山东半岛城市土地资本对空间结构的改变具有带动作用。未来城市群空间结构优化的趋势是城市分工的深化，核心城市以知识密集型产业为主，集聚程度高。城市空间布局为工商业在城市中心集聚程度增强，但城市中心居住功能减退，随着交通的发展，人们倾向于在城市周边绿色土地资本高的地区生活。人口在大城市和中小城市间合理分配，中小城镇各项配套设施齐全，有效发展特色产业和低端产业。

再次，依据土地资本集聚规律进行城市群空间规划和产业引导能够促进城市群空间结构优化。土地资本集聚程度和内涵是核心城市产业定位的标准，土地资本低是中小城镇发展的瓶颈。从理论分析结果看，土地资本集聚促进城市边界的扩展、中心城市的形成和人口的空间聚集，从而影响了城市群空间结构。土地资本集聚程度高的地区体现了高土地利用价值，具有较高投入产出效率的行业应分布在土地资本集聚程度高的地区或城市，反之则分布在土地资本集聚程度低的地区或城市。依据土地资本集聚程度指导城市群空间结构演变能够实现城市群内土地及其他类型生产要素的合理利用，提高城市群的资源利用效率和合作水平。而高土地资本来自社会投入、区位条件及资本溢价等方面。通过对城市公共基础设施、生态环境、人文素养等方面的投入促进绿色土地资本沉淀增值，能够改变区域土地资本构成，吸引高产出效率的投资类型与之结合，形成土地资本集聚的良性循环，从而促进城市的经济发展和产业升级。

最后，研究存在土地价格样本点分布不均匀及部分地市数据不全的问题，造成插值结果与现实有一定的偏离。本书虽然对山东半岛城市群分工业用地、商业用地和居住用地三种类型进行了地价分析，但是根据土地用途仍可以继续细分，并且在细分的市场上，土地价格的表现和影响因素也会有一定差异。另外，本书仅对山东半岛城市群相关数据进行了分析，未能全面体现我国城市群的发展规律。因此，后续将对我国其他城市群进行相关检验，获取全面图景体现土地资本与城市群空间结构之间的关系和互动机理，将城市群空间结构要素进行更深入的细化，并根据新的实证结果对土地资本驱动城市群空间结构优化模型进行改进或修正。

参 考 文 献

［1］［英］阿尔弗雷德·马歇尔：《经济学原理》，文思等译，北京联合出版公司 2015 年版。

［2］［美］埃德加·M. 胡佛：《区域经济学导论》，王翼龙译，商务印书馆 1990 年版。

［3］［英］彼罗·斯拉法：《李嘉图著作和通信集》，寿勉成译，商务印书馆 2011 年版。

［4］毕宝德：《土地经济学（第三版）》，中国人民大学出版社 1998 年版。

［5］毕秀晶：《长三角城市群空间演化研究》，华东师范大学 2014 年博士学位论文。

［6］毕秀晶，宁越敏：《长三角大都市区空间溢出与城市群集聚扩散的空间计量分析》，载于《经济地理》2013 年第 1 期。

［7］陈成：《地价对城市土地开发的实证研究——以南京为例》，载于《国土资源情报》2007 年第 4 期。

［8］陈群元、宋玉祥：《基于城市流视角的环长株潭城市群空间联系分析》，载于《经济地理》2011 年第 11 期。

［9］陈彦光：《城市化与经济发展水平关系的三种模型及其动力学分析》，载于《地理科学》2011 年第 1 期。

［10］陈彦光、周一星：《城市等级体系的多重 zipf 维数及其地理空间意义》，载于《北京大学学报（自然科学版)》2002 年第 38 卷第 6 期。

［11］程恩富：《现代政治经济学》，上海财经大学出版社 2000 年版。

［12］戴英马：《土地资本存量对商品价格的影响》，载于《中国物价》2003 年第 7 期。

［13］［美］丹尼斯·迪帕斯奎尔，威廉·C. 惠顿：《城市经济学与房地产市场》，经济科学出版社 2002 年版。

［14］邓慧慧、虞义华、龚铭：《空间溢出视角下的财政分权、公共服务与住宅价格》，载于《财经研究》2013 年第 39 卷第 4 期。

［15］邓奕：《日本第五次首都圈基本规划》，载于《北京规划建设》2004 年第 5 期。

［16］邓羽：《北京市土地出让价格的空间格局与竞租规律探讨》，载于《自然资源学报》2015 年第 2 期。

［17］邓元慧：《城市群形成与演化：基于演化经济地理学的分析》，载于《科技进步与对策》2015 年第 6 期。

［18］杜文星、黄贤金：《城市工业地价时空分布及形成机理研究——以上海市为例》，引自《2004 年中国科协年会 3 分会场论文摘要集》2004 年版。

［19］段显明、陈蕴恬：《长三角城市群经济网络结构特征及影响因素——基于社会网络分析方法》，载于《杭州电子科技大学学报（社会科学版）》2016 年第 6 期。

［20］方创琳、宋吉涛、张蔷：《中国城市群结构体系的组成与空间分异格局》，载于《地理学报》2005 年第 60 卷第 5 期。

［21］方大春、孙明月：《高铁时代下长三角城市群空间结构重构——基于社会网络分析》，载于《经济地理》2015 年第 10 期。

［22］房树淮：《论土地资本经营及管理》，载于《长白学刊》1999 年第 2 期。

［23］冯应斌、杨庆媛：《重庆城镇土地资本劳动要素投入密度差异分析》，载于《西南大学学报（自然科学版）》2016 年第 38 卷第 1 期。

［24］傅毅明、赵彦云：《基于公路交通流的城市群关联网络研究——以京津冀城市群为例》，载于《河北大学学报（哲学社会科学版）》2016 年第 4 期。

［25］高啸峰、刘慧平、张洋华、吕颖、刘湘平：《1990—2010 年长三角城市群城市扩展时空规律分析》，载于《北京师范大学学报（自然科学版）》2016 第 5 期。

［26］顾朝林：《城市群研究进展与展望》，载于《地理研究》2011

年第 5 期。

[27] 顾朝林：《中国城市群》，中国科学技术出版社 2008 年版。

[28] 官卫华、姚士谋：《城市群空间发展演化态势研究——以福厦城市群为例》，载于《现代城市研究》2003 年第 18 卷第 2 期。

[29] 何叶荣、孟祥瑞、罗文科：《皖江城市群经济发展能力优势比较研究——基于 STATA 的面板数据分析》，载于《安徽理工大学学报（社会科学版）》2015 年第 6 期。

[30] 贺国英：《土地资源、土地资产和土地资本三个范畴的探讨》，载于《国土资源科技管理》2005 年第 5 期。

[31] 赫胜彬、王华伟：《京津冀城市群空间结构研究》，载于《经济问题探索》2015 年第 6 期。

[32] 洪国志、李郇：《基于房地产价格空间溢出的广州城市内部边界效应》，载于《地理学报》2011 年第 4 期。

[33] 黄金川、陈守强：《中国城市群等级类型综合划分》，载于《地理科学进展》2015 年第 3 期。

[34] 黄杏元、马劲松、汤勤：《地理信息系统概论》，高等教育出版社 2002 年版。

[35] ［英］霍华德：《明日的田园城市》，金经元译，商务出版社 2000 年版。

[36] 贾永健：《徐州都市圈空间结构优化整合研究》，载于《科技情报开发与经济》2007 年第 17 卷第 11 期。

[37] 江曼琦：《对城市群及其相关概念的重新认识》，载于《城市发展研究》2013 年第 5 期。

[38] 江曼琦、谢姗：《京津冀地区市场分割与整合的时空演化》，载于《南开学报（哲学社会科学版）》2015 年第 1 期。

[39] 姜晴：《城市空间结构布局优化研究》，载于《经济研究导刊》2009 年第 31 期。

[40] 蒋芳、朱道林：《基于 GIS 的地价空间分布规律研究——以北京市住宅地价为例》，载于《经济地理》2005 年第 25 卷第 2 期。

[41] 靳卫萍：《土地资本与农村剩余劳动力转移：基于当前货币经济的分析》，载于《江西财经大学学报》2010 年第 6 期。

[42] ［德］克里斯塔勒：《德国南部中心地原理》，商务印书馆 1998

年版。

[43] 劳昕、沈体雁、杨洋、张远：《长江中游城市群经济联系测度研究——基于引力模型的社会网络分析》，载于《城市发展研究》2016 年第 7 期。

[44] 冷炳荣、杨永春、李英杰、赵四东：《中国城市经济网络结构空间特征及其复杂性分析》，载于《地理学报》2011 年第 2 期。

[45] 李春慧：《山东半岛城市群城镇体系时空结构研究》，山东师范大学 2006 年硕士学位论文。

[46] 李健健：《土地资本试探》，载于《福建师范大学学报（哲学社会科学版）》1997 年第 3 期。

[47] 李玲、朱道林、胡克林：《梯度推移理论和 GIS 在北京城区住宅地价时空推移规律中的应用》，载于《武汉大学学报（信息科学版）》2012 年第 4 期。

[48] 李锐：《关中城市群空间分形结构特征研究》，载于《特区经济》2014 年第 1 期。

[49] 李响：《基于社会网络分析的长三角城市群网络结构研究》，载于《城市发展研究》2011 年第 18 卷第 12 期。

[50] 李元：《城市土地运营与土地市场建设（上卷）》，中国大地出版社 2003 年版。

[51] 李兆杨：《山东半岛中心城市群土地利用变化土地生态服务价值影响评价》，载于《绿色科技》2016 年第 24 期。

[52] 李振瑜、张建军、耿玉环：《基于空间关系的长江经济带城市群生态效应扩散研究》，载于《中国农业大学学报》2017 年第 1 期。

[53] 梁经伟、文淑惠、方俊智：《中国－东盟自贸区城市群空间经济关联研究——基于社会网络分析法的视角》，载于《地理科学》2015 年第 5 期。

[54] 刘冲：《基于 VAR 模型的城市环保投资促进经济增长的实证分析》，载于《东岳论丛》2015 年第 36 卷第 2 期。

[55] 刘冲、王德起：《山东半岛城市群经济联系比较分析》，载于《北京交通大学学报（社会科学版）》2016 年第 15 卷第 1 期。

[56] 刘静玉、王发曾：《城市群形成发展的动力机制研究》，载于《开发研究》2004 年第 6 期。

［57］刘军：《整体网络分析——UCINET 软件实用指南（第 2 版）》，上海格致出版社 2014 年版。

［58］刘荣增、穆岚：《基于 MWVD 的中心城市扩展与城市群整合研究》，载于《人文地理》2008 第 3 期。

［59］刘书楷：《土地经济学》，中国矿业大学出版社 1993 年版。

［60］陆大道：《区域发展及其空间结构》，科学出版社 1995 年版。

［61］陆玉麒：《中国区域空间结构研究的回顾与展望》，载于《地理科学进展》2002 年第 4 期。

［62］马光：《环境与可持续发展导论》，科学出版社 2010 年版。

［63］［英］马克思，恩格斯：《马克思恩格斯全集（第 25 卷）》，人民出版社 2001 年版。

［64］苗洪亮、曾冰、张波：《城市群的空间结构与经济效率：来自中国的经验证据》，载于《宁夏社会科学》2016 年第 5 期。

［65］倪维秋：《中国三大城市群城市土地利用经济、社会、生态效益的耦合协调性及其空间格局》，载于《城市发展研究》2016 年第 12 期。

［66］年福华、姚士谋、陈振光：《试论城市群区域内的网络化组织》，载于《地理科学》2002 年第 5 期。

［67］牛方曲、刘卫东、宋涛、胡志丁：《城市群多层次空间结构分析算法及其应用——以京津冀城市群为例》，载于《地理研究》2015 年第 8 期。

［68］彭翀、顾朝林：《城市化进城下中国城市群空间运行及其机理》，东南大学出版社 2011 年版。

［69］彭建超、吴群：《国内外城市地价时空演变研究进展》，载于《资源科学》2008 年第 1 期。

［70］齐昕、王雅莉：《城市化经济发展空间溢出效应的实证研究——基于"城"、"市"和"城市化"的视角》，载于《财经研究》2013 年第 6 期。

［71］钱顺岳：《长江中游城市群空间结构研究》，江西财经大学 2014 年硕士学位论文。

［72］秦泗刚、段汉明：《基于 GIS 的西安市地价空间结构研究》，载于《干旱区资源与环境》2016 年第 30 卷第 5 期。

［73］秦兴龙、章波、黄贤金、濮励杰：《长江三角洲地区工业地价形成的内在机理与博弈分析》，载于《中国土地科学》2005年第3期。

［74］［法］萨伊：《政治经济学概论》，商务印书馆2010年版。

［75］［日］石田赖房：《日本近现代都市计画の展开—1868-2003》，自治体研究社2004年版。

［76］［日］石田赖房：《地价形成要因之土地利用》，载于《国民生活研究》1962年第1期。

［77］史进、黄志基、贺灿飞：《城市群经济空间、资源环境与国土利用耦合关系研究》，载于《城市发展研究》2013年第20卷第7期。

［78］苏海宽、刘兆德、朱岩：《基于分形理论的鲁南经济带城镇规模分布研究》，载于《国土与自然资源研究》2011年第2期。

［79］孙久文、罗标强：《基于修正引力模型的京津冀城市经济联系研究》，载于《经济问题探索》2016第8期。

［80］孙久文、罗标强：《京津冀地区城市结构及经济联系研究》，载于《中国物价》2016年第9期。

［81］孙伟、金晓斌、张志宏、韩娟、项晓敏、周寅康：《中国主要城市群新增制造业用地特征及城镇体系耦合分析》，载于《地理科学进展》2016年第12期。

［82］谭娟：《我国低碳发展空间格局研究》，知识产权出版社2014年版。

［83］唐茂华：《城市群体空间：演化机理与发展趋向》，载于《上海行政学院学报》2005年第5期。

［84］陶松龄、甄富春：《长江三角洲城镇空间演化与上海大都市增长》，载于《城市规划》2002年第2期。

［85］王达金：《城市空间结构优化：驱动因素及桂林实践》，载于《社会科学家》2014年第3期。

［86］王芳，高晓路，颜秉秋：《基于住宅价格的北京城市空间结构研究》，载于《地理科学进展》2014年第10期。

［87］王甫园、王开泳、陈田、李萍：《城市生态空间研究进展与展望》，载于《地理科学进展》2017年第2期。

［88］王鹤：《基于空间计量的房地产价格影响因素分析》，载于

《经济评论》2012 年第 1 期。

[89] 王珺:《武汉城市圈空间结构优化研究》,华中科技大学 2008 年博士学位论文。

[90] 王珺、周均清:《从"单中心区域"到"网络城市"——武汉城市圈空间格局优化战略研究》,载于《国际城市规划》2008 年第 23 卷第 5 期。

[91] 王德起:《城市群发展中产业用地结构优化研究——一个逻辑机制框架》,载于《城市发展研究》2013 年第 20 卷第 5 期。

[92] 王德起:《土地资产管理论》,首都经济贸易大学出版社 2009 年版。

[93] 王珊:《长株潭城市群空间结构优化研究》,湖南师范大学 2008 年硕士学位论文。

[94] 王圣云、翟晨阳、顾筱和:《长江中游城市群空间联系网络结构及其动态演化》,载于《长江流域资源与环境》2016 年第 3 期。

[95] 王士君:《城市相互作用与整合发展的理论和实证研究》,东北师范大学 2003 年博士学位论文。

[96] 王万茂:《试论土地价值》,载于《不动产纵横》1993 年第 2 期。

[97] 王万茂:《土地资源管理学》,高等教育出版社 2006 年版。

[98] 王兴平:《创新型都市圈的基本特征与发展机制初探》,载于《南京社会科学》2014 年第 4 期。

[99] [英] 威廉·配第:《赋税论——献给英明人士货币略论》,陈冬野等译,商务印书馆 1978 年版。

[100] 韦帆:《土地资本的虚拟化——土地价格上涨之原因小析》,载于《知识经济》2008 年第 10 期。

[101] 温海珍、张之礼、张凌:《基于空间计量模型的住宅价格空间效应实证分析:以杭州市为例》,载于《系统工程理论与实践》2011 年第 9 期。

[102] 吴次芳、许红卫:《城市规划实施过程中地价动态评估研究》,载于《城市规划》1994 年第 4 期。

[103] 吴次芳、周开建、许红卫,等:《小城市土地定级估价的理论与实践》,中国建材工业出版社 1994 年版。

[104] 吴福象、沈浩平：《新型城镇化、基础设施空间溢出与地区产业结构升级——基于长三角城市群16个核心城市的实证分析》，载于《财经科学》2013年第7期。

[105] 吴建楠、程绍铂、姚士谋：《中国城市群空间结构研究进展》，载于《现代城市研究》2013年第12期。

[106] 吴启焰、陈辉、Belinda Wu、曾文：《城市空间形态的最低成本—周期扩张规律——以昆明为例》，载于《地理研究》2012年第3期。

[107] 肖更生、李贞玉：《政府行为因素对城市地价影响力度的计量分析》，载于《江西社会科学》2008年第1期。

[108] 薛东前、王传胜：《城市群演化的空间过程及土地利用优化配置》，载于《地理科学进展》2002年第21卷第2期。

[109] ［英］亚当·斯密：《国民财富的性质和原因的研究》，郭大力、王亚南译，商务印书馆2002年版。

[110] 鄢彬华：《土地资源·土地资本·土地价格》，载于《价格月刊》2006年第3期。

[111] 严星、林增杰：《城市地产评估第二版（修订本）》，中国人民大学出版社1999年版。

[112] 杨奎奇、史春云、汪应宏：《中国典型城市群住宅地价空间特征研究》，载于《经济地理》2013年第33卷第6期。

[113] 姚士谋、陈爽、吴建楠，等：《中国大城市用地空间扩展若干规律的探索——以苏州市为例》，载于《地理科学》2009年第29卷第1期。

[114] 姚士谋：《中国城市群》，中国科学技术大学出版社2006年版。

[115] 叶玉瑶：《城市群空间演化动力机制初探——以珠江三角洲城市群为例》，载于《城市规划》2006年第1卷第30期。

[116] ［美］伊利：《土地经济学原理》，商务印书馆1982年版。

[117] 于璐、郑思齐、刘洪玉：《住房价格梯度的空间互异性及影响因素——对北京城市空间结构的实证研究》，载于《经济地理》2008年第3期。

[118] 于伟、饶烨，等：《北京都市区土地价格梯度估算与解析》，

载于《自然资源学报》2013 年第 5 期。

［119］袁绪亚：《土地市场价格梯度变动中的投资地域性选择》，载于《上海经济研究》1999 年第 10 期。

［120］袁志刚、解栋栋：《统筹城乡发展：人力资本与土地资本的协调再配置》，载于《经济学家》2010 年第 8 期。

［121］［德］约翰·海因里希·冯·杜能：《孤立国同农业和国民经济的关系》，李天纲编，顾绥禄译，商务印书馆 1986 年版。

［122］曾鹏、黄图毅、阙菲菲：《中国十大城市群空间结构特征比较研究》，载于《经济地理》2011 年第 31 卷第 4 期。

［123］张浩然、衣保中：《地理距离与城市间溢出效应——基于空间面板模型的经验研究》，载于《当代经济科学》2011 年第 3 期。

［124］张浩然、衣保中：《基础设施、空间溢出与区域全要素生产率——基于中国 266 个城市空间面板杜宾模型的经验研究》，载于《经济学家》2012 年第 2 期。

［125］张娟锋、刘洪玉：《住宅价格与土地价格的城市差异及其决定因素统计研究》，载于《统计研究》2010 年第 27 卷第 3 期。

［126］张明斗：《城市循环经济发展效率的空间差异研究》，载于《中国地质大学学报（社会科学版）》2016 年第 3 期。

［127］张卫枚、方勤敏、刘婷：《基于灰色关联度的城市紧凑度评价——以环长株潭城市群为例》，载于《城市问题》2016 年第 10 期。

［128］张亚斌、黄吉林、曾挣：《城市群"层"经济与产业结构升级——基于经济地理学理论视角的分析》，载于《中国工业经济》2006 年第 12 期。

［129］张月蓉：《土地资产收益流失与管理》，中国农业科学出版社 1993 年版。

［130］赵丹丹、胡业翠：《土地集约利用与城市化相互作用的定量研究——以中国三大城市群为例》，载于《地理研究》2016 年第 11 期。

［131］郑光辉、黄克龙、张志宏、曹天邦、徐慧：《运用克里金空间插值技术进行土地级别划分》，载于《南京师大学报（自然科学版）》2007 年第 1 期。

［132］郑新奇：《集约化变量与集约用地量度——节约集约用地基本理论系列之五》，载于《中国国土资源经济》2014 年第 11 期。

［133］郑新奇、王家耀、阎弘文，等：《数字地价模型在城市地价时空分析中的应用》，载于《资源科学》2004 年第 26 卷第 1 期。

［134］周斌：《城市群内部经济服务化空间互动关系分析——以山东半岛城市群为例》，载于《城市问题》2017 年第 2 期。

［135］周诚：《论土地增值及其政策取向》，载于《经济研究》1994 年第 11 期。

［136］周国华、朱翔、唐承亮：《长株潭城镇等级体系优化研究》，载于《长江流域资源与环境》2001 年第 3 期。

［137］周韬：《空间交互视角下的长三角城市群空间溢出效应研究》，载于《经济问题探索》2015 年第 6 期。

［138］周霞、王德起：《京津冀城市群工业地价空间分布规律研究》，载于《建筑经济》2013 年第 3 期。

［139］朱英明：《我国城市群区域联系发展趋势》，载于《城市问题》2001 年第 6 期。

［140］朱英明、姚士谋、李玉见：《我国城市化进程中的城市空间演化研究》，载于《地理学与国土研究》2000 年第 2 期。

［141］朱顺娟：《城市群网络化联系研究——以长株潭城市群为例》，载于《人文地理》2010 年第 5 期。

［142］Agarwal A，Giuliano G. Testing the Entrepreneurial City Hypothesis：A Case Study. *Association of Collegiate Schools of Planning 48th Annual Conference*，2007.

［143］Albert O H. *The Strategy of Economic Development*. New Haven：Yale University Press，1958，11.

［144］Alfred M. *Principles of Economics*. London：Macmillian，1920，457.

［145］Alonso W. *Location and Land Use*. Harvard University Press，1964：136 - 142.

［146］Ambrose B. An Analysis of Factors Affecting Light Industrial Property Valuation. *Real Estate Research*，Vol. 5，1990，355 - 370.

［147］Anas A，Kai X. *The Formation and Growth of Specialized Cities*. Working Paper，State Univ. of New York at Buffalo，1999.

［148］Anas A，Rong X. Congestion，Land Use，and Job Dispersion：

A General Equilibrium Modell. *Journal of Urban Economics*, 1999.

[149] Anas A. On the Birth and Growth of Cities: Laissez – faire and Planning Compared. *Regional Science and Urban Economics*, Vol. 22, 1992, 243 – 258.

[150] Anil R, Stephan J G, Freshwater D. Social and Institution Factors as Determinants of Economic Growth: Evidence from the United States Counties. *Papers in Regional Science*, Vol. 81, 2001, 139 – 155.

[151] Anselin L. Spatial Econometrics: Methods and Models. *Journal of the American Statistical Association*, 1990, 85 (411): 160.

[152] Aragonés – Beltrán P, et al. Valuation of Urban Industrial Land: An Analytic Network Process Approach. *European Journal of Operational Research*, Vol. 185, 2008, 322 – 339.

[153] Batty M. The Size, Scale, and Shape of Cities. *Science*, Vol. 8, 2008, 769 – 771.

[154] Bowes D R, Ihlanfeldt K R. Identifying the Impacts of Rail Transit Stations on Residential Property Values. *Journal of Urban Economics*, Vol. 50, No. 1, 2001, 1 – 25.

[155] Chapin F S, Weiss S F, Donnelly T G. *Factors Influencing Land Development: Evaluation of Inputs for a Forecast Model*. Institute for Research in Social Science, University of North Carolina, 1962.

[156] Chin J T. Are Mid-west Cities Monocentric or Polycentric. *Association of Collegiate Schools of Planning 48th Annual Conference*, 2007.

[157] Colwell P F, Munneke H J. Directional Land Value Gradients. *Real Estate Finanancial Economics*, Vol. 39, 2009, 1 – 23.

[158] Colwell P F, Munneke H J. The Structure of Urban Land Prices. *Journal of Urban Economics*, Vol. 41, 1997, 321 – 336.

[159] Czamanski S. Effects of Public Investments on Urban Land Values. *Journal of the American Institute of Planners*, Vol. 32, No. 4, 1966, 204 – 217.

[160] Danlin Y. *GIS and Spatial Modeling in Regional Development Studies: A Case of Greater Beijing*. Ann Arbor, Mich: UMI, 2005.

[161] Duranton G. *Urbanization, Urban Structure and Growth*. Cambridge

University Press, 2004.

[162] Fehrrbach F, Rutherford R, Eakin M. An Analysis of the Determinants of Industrial Property Valuation. Vol. 8. *Real Estate Research*, 1993, 365 – 376.

[163] Fridemann J. *Regional Development Planning*: *A Reader*. Cambridge, Mass: MIT Press, 1964.

[164] Friedman J R. *Regional Development Policy*: *A Ease Study of Venezuela*. Cambridge, Mass: MIT Press, 1966.

[165] Friedmann J. The World City Hypothesis. *Development and Change*, Vol. 17, No. 1, 1986, 69 – 83.

[166] Fujita M, Ogawa H. Multiple Equilibria and Structural Transition of Non – monocentricurban Configurations. *Regional Science and Urban Economics*, Vol. 12, 1982, 161 – 196.

[167] Fujita M. A Monopolistic Competition Model of Spatial Agglomeration: Differentiated Products Approach. *Regional Science and Urban Economics*, Vol. 18, 1988, 87 – 124.

[168] Gillion ABS E. *Urban Patterns*. New York: Van Nostrand Reinhold Company, 1983.

[169] Gottmann J. Megalopolis: *The Urbanized Northeastern Seaboard of the United States*. New York: The Twentieth Century Fund, 1961.

[170] Green R K, Vandell K D. Giving Households Credit: How Changes in the US Tax Code could Promote Homeownership. *Regional Science and Urban Economics*, Vol. 29, No. 4, 1999, 419 – 444.

[171] Green R K. Land Use Regulation and the Price of Housing in a Suburban Wisconsin County. *Journal of Housing Economics*, Vol. 8, 1999, 144 – 159.

[172] Haider M, Miller E. Effects of Transportation Infrastructure and Location on Residential Real Estate Values: Application of Spatial Autoregressive Techniques. *Transportation Research Record*: *Journal of the Transportation Research Board*, Vol. 1722, 2000, 1 – 8.

[173] Hall P. *Spatial Structure of Metropolitan England and Wale*. Cambrige, England: University of Cambridge Press, 1971.

169

[174] Harris C D, Ullman E. The Natural of Cities. *The Annuls of the American Academy of Political and Social Science*, Vol. 242, 1945, 7 - 17.

[175] Harris R J, Chen Z. Giving Dimension to Point Locations: Urban Density Profiling Using Population Surface Models. *Computers Environment and Urban Systems*, Vol. 29, 2005, 115 - 132.

[176] Harris R J, Longley P A. Creating Small Area Measures of Urban Deprivation. *Environment and Planning*, Vol. 34, No. 6, 2002, 1073 - 1093.

[177] Hirschman A O. *Strategy of Economic Development*. Yale University Press, 1958.

[178] Homer H. *The Structure and Growth of Residential Area in American Cities*. Washington DC: Federal Housing Administration, 1939.

[179] Haggett P, 1990. The Geographer's Art. Oxford: Blackwell, 1990, 19 - 20.

[180] John L. The California Urban Futures Model: A New Generation of Metropolitan Simulation Model. *Environment and Planning B: Planning and Design*, Vol. 21, 1994, 339 - 420.

[181] Landis J, Zhang M. The Second Generation of the California Urban Futures Model. Part 1: Model Logic and Theory. *Environment and Planning B: Planning and Design*, Vol. 25, No. 5, 1998, 657 - 666.

[182] Lockwood L J, Rutherford R. Determinants of Industrial Property Value. *Real Estate Economics*, Vol. 24, No. 5, 1996, 257 - 272.

[183] Mayer C J, Somerville C T. Land Use Regulation and New Construction. *Regional Science and Urban Economics*, Vol. 30, No. 6, 2000, 639 - 662.

[184] Meyer M D, Miller E J. Urban Transportation Planning: A Decision - oriented Approach. *Journal of Transportation Engineering*, 2001.

[185] Millen D P. One Hundred Fifty Years of Land Values in Chicago: A Nonparametric Approach. *Journal of Urban Economics*, Vol. 40, No. 1, 1996, 100 - 124.

[186] Mills E S. An Aggregative Model of Resource Allocation in a

Metropolitan Area. *American Economics Review*, Vol. 57, No. 2, 1967, 197 – 210.

[187] Mills E S. *Studies in the Structure of the Urban Economy*. Johns Hopkins University Press, 1972.

[188] Monk S, Whitehead C. Evaluating the Economic Impact of Planning Controls in the United Kingdom: Some Implication for Housing. *Land Economics*, Vol. 1, 1999, pp. 74 – 93.

[189] Nurkse R. *The Problem of Capital Fomlation in Less – developed Countries*. Oxford: Oxford University Press, 1953.

[190] Park R E, Burgess E W, Mckenzie R D, et al. *The City*. University of Chicago Press, 1984.

[191] Paul K. Inereasing Returns and Economie Geography. *The Journal of Political Economy*, Vol. 99, 1991, 483 – 499.

[192] Plater T, Ginsburg N, Koppel B, et al. The Extended Metropolis : Settlement Transition in Asia. *Journal of Asian Studies*, 1991, 51 (4): 866 – 867.

[193] Paul Rosenstein – Rodan. Problems of Industrialization of Eastern and South – Eastern Europe. *Economic Journal*, Vol. 3, 1943, 202 – 211.

[194] Sassen S. *The Global City: New York, London, Tokyo*. Princeton: Princeton University Press, 1991.

[195] Scott A J. *Global City – Regions; Trends, Theory, Policy*. Oxford: Oxford University Press, 2001, 161 – 196.

[196] Scott J. *Social Network Analysis*. London: Sage Publication, 2000.

[197] Sirpal R. Empirical Modeling of the Relative Impacts of Various Sizes of Shopping Centers on the Values of Surrounding Residential Properties. *Journal of Real Estate Research*, Vol. 9, No. 4, 1994, 487 – 505.

[198] Vander Valk A, Faludi A. The Green Heart and the Dynamics of Doctrine. *Nether Lands Journal of Housing and the Built Environment*, Vol. 1, 1997, 57 – 75.

[199] Walden M L. Magnet Schools and the Differential Impact of Quality on Residential Property Values. *Journal of Real Estate Research*, Vol. 5,

1990, 221 –230.

[200] Wheaton W C. Urban Residential Growth under Perfect Foresight. *Journal of Urban Economics*, Vol. 12, No. 1, 1982, 1 –21.

[201] Whebell C F J. Corridors: A Theory of Urban Systems. *Annals of the Assoeiation of Alncriean Geographers*, Vol. 59, 1969, 1 –26.

[202] Williamson J G. Regional Inequality and the Process of National Development: A Description of the Patterns. *Economic Development and Cultural Change*, Vol. 13, No. 1, July, 1965, 3 –45.

[203] Witte A D. The Determination of Interurban Residential Site Price Differences: A Derived Demand Model with Empirical Testing. *Journal of Regional Science*, Vol. 15, No. 3, 1975, 351 –364.

[204] Zhou Yi Xing. Definition of Urban Place and Statistical Standards of Urban Population in China Problem and Solution. *Asian Geography*, Vol. 7, No. 1, 1988, 12 –18.